L'autorité en question

Patrice Huerre
et Philippe Petitfrère

L'autorité en question

Nouveau monde, nouveaux chefs

Odile Jacob

15, rue Soufflot, 75005 Paris

www.odilejacob.fr

ISBN : 978-2-7381-5589-4

Introduction

Le présent ouvrage vise à comprendre les bouleversements passionnants, et d'une rapidité inédite, survenus dans l'exercice de l'autorité depuis une cinquantaine d'années. La demande qu'elle s'exerce davantage va de pair avec le rejet qu'elle suscite. Et ce n'est pas le moindre paradoxe. Cette problématique d'allure adolescente se retrouve de la même manière dans l'entreprise et dans la relation des citoyens avec le pouvoir.

C'est pourquoi cet essai se risquera aussi à formuler quelques recommandations, à imaginer les qualités du futur chef et les contours d'une nouvelle autorité adaptée à une époque en pleine révolution, au vu de la façon dont les rôles sont actuellement distribués dans les familles, et ce dès le plus jeune âge.

Des chefs, ce n'est pourtant pas ce qui manque : chef de restaurant, chef de chantier, chef de service, chef de gare, chef de rayon, chef de bord, chef des armées, chef de famille, chef de produit, chef d'équipe, chef d'atelier, chef de classe, chef de rang, chef de l'État ou chef de guerre, chef de gang, chef d'orchestre… et tous les autres chefs, et leurs sous-chefs

– désormais appelés « collaborateurs » –, les chefs ayant pour la plupart eux-mêmes des chefs.

Car il s'agit de commander, comme dit le petit enfant, d'être le plus fort, d'avoir de l'autorité sur l'autre, de détenir et d'exercer le pouvoir, pour changer ce qui ne fonctionne pas, pour réaliser des progrès, pour proposer des projets… ou se rassurer sur son existence. Tandis que pour d'autres, être chef permet d'agir en prédateur.

Ce sujet est vieux comme le monde. Chercher à être chef fait partie intégrante des mécanismes humains – et animaux – les plus archaïques. Il n'est qu'à regarder l'histoire des hommes sur tous les continents depuis l'origine des temps pour s'en convaincre.

Pas une époque qui n'ait connu des conflits, des enjeux de pouvoir, des luttes d'influence. Pas une époque sans chefs qui se défient ou s'égorgent, en dehors d'un état de crise comme des guerres, des pandémies et autres bouleversements majeurs où règne, dans le meilleur des cas, la tentation éphémère et fantasmatique d'union sacrée au profit du salut public. Le peuple anxieux le demande alors : occupez-vous de moi plutôt que de vos petites querelles. Et le chef, non sans arrière-pensée, fait mine de s'exécuter. Dans le secret espoir que les circonstances exceptionnelles lui permettront d'assurer son avenir.

Cela mis à part, depuis une cinquantaine d'années, une demande croissante de révision des relations d'autorité se fait jour. Et les questions abondent : au nom de quoi est-on chef ? Au nom du savoir, de l'expérience, du grade, de l'ancienneté, de l'âge, de la force, de la richesse, des diplômes, du sexe ? Aujourd'hui, quelles sont les nouvelles formes d'autorité ?

Qu'attendons-nous ? De quelle sorte d'autorité avons-nous besoin ? Bref, pourquoi des chefs ?

Ces questions se posent aussi bien en famille qu'à l'école, à l'Élysée que dans les entreprises. Dans ces dernières, le désarroi augmente, comme à la maison, face à une nouvelle génération née après l'arrivée d'Internet. C'est elle, celle des *millennials*, détentrice d'un savoir technologique digital incontestable, qui bouscule fortement, sans le chercher, la notion de chef et celle d'autorité telles qu'elles étaient installées depuis l'aube de l'humanité, après avoir bénéficié d'une éducation « libérée » des codes antérieurs pour « favoriser son épanouissement ». Son impact est amplifié par la légitime revendication des femmes, qui réclament à juste titre une parité dans le traitement dont elles sont l'objet, et par le développement ultrarapide des outils numériques, générant ainsi un effet « domino ».

Toutes les générations et toutes les régions du monde – sauf quelques exceptions qui paraissent bien incongrues aujourd'hui – sont également touchées par cette révolution inédite, y compris celles dont les références culturelles sont très éloignées des nôtres.

Mais regardons ce qui se passe à présent dans la famille. Le petit enfant sera consulté régulièrement pour donner un avis, parfois décisif, à propos de la destination de vacances comme de l'évolution de l'organisation familiale. Dans l'entreprise, la nouvelle recrue dont le chef souhaite confirmer la présence à une réunion importante en fin d'après-midi pourra répondre : « Désolé, mais j'ai tennis ! » Depuis son plus jeune âge, c'est sur la base de ses désirs que la vie de l'enfant s'organise…

Que la question de l'autorité se pose, tous en sont d'accord, peu ou prou. Il n'y a jamais eu autant d'ouvrages et d'offres questionnant les chefs, leur rôle, le management, le leadership, le commandement, le rôle du père, etc. C'est dire que le sujet occupe et préoccupe. Les évidences du passé ont laissé place à des questionnements et des remises en cause utiles voire indispensables pour s'adapter aux enjeux de l'époque, mais très déstabilisants pour bon nombre de nos contemporains qui ne trouvent pas, dans la trousse à outils dont ils ont hérité, les réponses aux situations inédites que créent enfants, employés ou citoyens.

Dans les offres de services à propos de l'autorité sur le marché, il est possible de glaner de nombreux constats pertinents. Ils déroulent le fil de ce qui est bien connu et s'intéressent les uns à la famille, les autres à l'entreprise, d'autres encore à l'école ou à l'État, mais en établissant rarement des passerelles permettant de discerner des enjeux communs et des solutions transversales. C'est pourtant au carrefour de la psychologie de l'enfant et de son développement, du monde de l'entreprise et du fonctionnement politique de notre société contemporaine que se situent les possibilités de discerner les modalités nouvelles du rapport à l'autorité, ainsi que les tendances inaugurales de l'avenir. Car loin de nous est la nostalgie de temps passés qui seraient à regretter. Nous avons le privilège d'être au cœur d'une période de mutations inédites.

Quant à la question des moyens de se préparer mieux à la sortie de cette crise « mutative », nécessaire et potentiellement utile, quelques tentatives de recettes peu convaincantes nous sont proposées.

L'exemplarité d'un grand homme sera parfois mise en avant (l'expérience est un flambeau qui n'éclairerait que celui qui le porte ?) ; ou alors des tartes à la crème (bonsens.com), ou des exhortations mécanistes (« yaka foke ») occuperont la scène médiatique pour tenter d'occulter les doutes ambiants. Et plus la crise est aiguë, plus le recours à un leader autoritaire semble rassurant pour beaucoup. Mais s'il décide en solo, c'est un abus de pouvoir ; et s'il ne le fait pas, c'est du laxisme et de la faiblesse !

Il n'y a bien évidemment rien de malhonnête dans tout cela, chacun y allant de sa croyance, avec bonne foi on l'espère. Simplement, ça ne marche pas. Ça résiste. Et le désarroi va croissant.

Le pacte millénaire doit être réformé ? Eh bien, dansez maintenant. On verra ça plus tard.

Et pourtant il affecte les chefs face à la nouvelle génération des *millennials* – à la maison comme dans la société –, comme ceux qui en dépendent ou ont affaire à eux. Entre ceux qui sont chefs et ne veulent pas exercer le pouvoir qui leur est conféré, ou ne savent plus comment faire, et ceux qui ne le sont pas et rêvent de l'être… ou laissent cette quête à d'autres, le désarroi est palpable. Tandis que les uns déplorent la perte de références familières, d'autres, minoritaires, en attendent des changements prometteurs.

Nous avons tenté ici d'identifier les causes des résistances comme les raisons d'espérer, essayé de tracer des voies de changement inédites en confrontant deux approches : celle du psychanalyste (et observateur des mécanismes de l'exercice du pouvoir à la maison et dans les institutions) et celle du chef d'entreprise (et observateur des fonctionnements des organisations et de ceux qui les dirigent).

CHAPITRE 1

C'est qui le chef ?

Un grand désarroi... des adultes, des parents, des détenteurs d'une autorité

Vendredi, 9 heures.

Dans sept semaines, c'est le déménagement dans le quartier des affaires, vers la tour la plus imposante.

Ce matin une réunion est prévue avec l'architecte d'intérieur de l'aménageur, M. Dugenou, pour choisir la décoration du nouveau bureau du président Gyssuis.

Le rouge à lèvres et l'uniforme des réceptionnistes sont impeccables.

« Allô, madame Simain, c'est la réception. M. Dugenou est là pour M. Gyssuis.

— Très bien, dites-lui que je viens le chercher. »

Un peu plus tard dans le hall d'accueil :

« Bonjour, monsieur. Si vous voulez bien me suivre. Le président vous attend. »

Ascenseur. Dernier étage. Des couloirs, des portes.

Plus de talons Loubout', plus de robe moulante, plus de déhanchements suggestifs. C'était l'ancien temps. Un professionnalisme moderne et sobre a pris la place. À la mode suisse.

Au fond du couloir, plusieurs portes. Un léger toc-toc sur la troisième. Mme Simain s'efface pour laisser l'homme de l'art pénétrer dans le sanctuaire.

Gyssuis, costume impeccable et cravate dans le dressing attenant, au cas où, est seul dans son 45 mètres carrés, un bureau d'angle à double exposition, avec vue planante sur une interminable banlieue, des toiles contemporaines au mur (il n'est pas évident qu'elles aient été choisies par le grand homme), un espace canapé et une table de réunion avec six fauteuils.

La moquette est épaisse, les éclairages parfaits. Le silence règne. Un bureau de chef comme au cinéma !

Dugenou retrouve dans cet espace presque tous les ingrédients de la première proposition qu'il avait prévu de faire.

Ce qui ne l'empêche pas de penser que tout cela est bien ringard.

Après quelques rapides banalités d'usage, il expose les possibilités qu'il a envisagées avec le contentement discret de celui qui tient un ticket gagnant. Vient alors le moment pour lui de présenter son premier repoussoir.

Un petit bureau en acier. Devant, deux chaises en skaï vert comme on commence à en trouver aux puces. Une vilaine lampe en simili bois orne le bureau. Un tapis élimé imitation shiraz est posé au sol, tandis qu'au mur trône le montage d'une photographie de Gyssuis, conquérant et plus mince, avec Jacques Chirac en visite vingt-cinq ans plus tôt. Les sourires sont un peu forcés et le costume étriqué.

À défaut de marque d'intérêt de son interlocuteur pour ce projet, Dugenou dévoile sa deuxième proposition.

Il s'agit d'un « open space nomade » où s'affaire en silence une ruche de cinquante collaborateurs casqués et connectés sans bureau assigné, avec de simples petits casiers très esthétiques pour ranger les affaires personnelles et dont on sort les documents utiles pour la tâche du moment sur le bureau disponible.

Tous sont vêtus de jeans et de t-shirts.

Il est fini le temps où il était possible de dire : « Montre-moi ton bureau et je te dirai qui tu es. » À présent, ce serait plutôt : « Montre-moi ton bureau, et je comprendrai à quoi tu veux ressembler. » Ou plus précisément encore : « Montre-moi ton bureau et je comprendrai à quoi tu penses que tu devrais ressembler[1]. »

Gyssuis est bien conscient de ces évolutions, ce qui ne lui facilite pas la tâche.

Il a fini par comprendre qu'il est, au mieux, un gestionnaire de symboles, ou comme le disait Robert Reich[2] un manipulateur de symboles.

Il est donc enclin à prêter une attention toute particulière à la nature et à l'aménagement de son écosystème, quitte à laisser ses goûts de côté. Il sait qu'il est observé à la loupe et que ce qu'il donne à voir est puissamment révélateur.

Il perçoit bien le risque de ne pas être en phase avec lui-même, dans cette quête d'une image de chef lui paraissant adaptée aux attentes de l'époque. Il devient à son corps défendant le contre-modèle du chef sincère et authentique qu'il estime devoir être. Cela fait quelque temps déjà qu'il ne porte plus de cravate, sauf situation officielle obligée. Il se fait un

1. Patrice Huerre, François Robine, *Lieux de vie : ce qu'ils disent de nous. La révolution des intérieurs*, Paris, Odile Jacob, 2017.
2. Robert Reich, *L'Économie mondialisée*, Paris, Dunod, 1993.

devoir de s'asseoir à côté du chauffeur dans la voiture de fonction qui lui est réservée. Son empire, il en prend conscience davantage chaque jour, est devenu ingérable avec le mode d'emploi qui lui avait été transmis. À de rares exceptions près, sa garde rapprochée est indisciplinée, courtisane, opportuniste. Et pourtant il sait bien que ce n'est pas une question de personnes, mais bien ce qu'induisent leur fonction et l'organisation même du système.

Et ces caractéristiques, ça dépend bien de lui, le chef. Alors comment exercer le pouvoir aujourd'hui ? Comment accréditer le fait qu'on est chef ? Et le faut-il ?

Par les symboles principalement, mais aussi par la démagogie, la séduction et la flatterie, ou la peur ? Quoi d'autre ?

Pour la petite histoire, relevons que Gyssuis a évidemment choisi la première solution proposée par le décorateur, non sans avoir lorgné silencieusement sur les deux autres, ayant traversé avec envie, transitoirement, l'idée d'un encanaillement, voire d'une modernité supposée.

Mais au fond, il n'est plus trop sûr du chef qu'il voudrait (ou pourrait) être.

De retour chez lui en fin de soirée, Catherine, sa femme, l'accueille : « On va passer à table car les enfants ont des examens demain. À table, les enfants ! »

Aucune réaction. Aucun bruit. Ils n'ont pas dû entendre, se dit Catherine.

« Ne t'en fais pas, je vais les chercher », lance-t-il bravement.

Achille, l'aîné, est sous son casque, à demi allongé sur son divan, face à deux écrans dont l'un peuplé de monstres préhistoriques qu'il a pour mission d'abattre à la tête d'une horde de combattants. Il ne jette pas un œil sur son père, comme si ce dernier était transparent. Celui-ci écarte vite l'idée première de l'interrompre, au risque de déclencher une réaction violente incontrôlable : il a déjà connu. La dernière fois qu'il l'a fait en débranchant l'ordinateur, Achille a quitté brutalement la maison pendant 48 heures, après avoir brisé quelques objets sur son passage. Il est allé se réfugier chez un copain et n'a pas prononcé un mot pendant une dizaine de jours. Il a fallu déployer beaucoup d'énergie pour ne pas exploser, ce qui n'est pas conseillé pour les fonctions cardiaques de celui qui sait qu'il n'est plus le « chef » de famille. Pas question de gâcher l'ambiance à la veille d'un examen, même si le fiston ne semble pas trop préoccupé par l'épreuve à venir…

Quant à Madeleine, la cadette, elle est au téléphone. À l'apparition de son père, elle suspend sa conversation, le regarde avec exaspération en éloignant ostensiblement et théâtralement le portable de son oreille.

« On avait dit que tu frapperais avant d'entrer dans MA chambre ! »

Gyssuis bat en retraite – sans trop savoir qui est « on », cette référence laissant penser à une décision collective, – et revient au salon retrouver sa femme Catherine, l'air sombre.

Plusieurs pensées se bousculent : « Ça ne se passait pas comme ça pour moi avec mes parents » ; « Je taperais bien du poing sur la table, mais… » ; « Pourquoi je m'en fais comme ça ? Après tout, ils n'ont qu'à rester dans leur chambre et on sera plus tranquilles. » Catherine le regarde, excédée par leur incapacité à faire preuve d'autorité et par la débâcle de son mari, ce chef, qui échoue tout autant qu'elle. « Tu joues au chef dans ta boîte, mais à la maison… ce sont plutôt les enfants, dirait-on », pense-t-elle.

Le désarroi que nous identifions dans les manières d'exercer une autorité est aujourd'hui largement partagé. Le sentiment de ne pas savoir comment prendre une décision, en faire part et s'y tenir affecte autant les parents à la maison que les professionnels qui, au travail, sont en position de pouvoir, et que les responsables de l'action publique. Mais il touche aussi ceux qui ne sont pas chefs et voudraient l'être, comme ceux qui en dépendent ou ont affaire à eux.

Quelle aubaine pour tous les spécialistes autoproclamés et les coachs qui fleurissent comme les jardins au printemps. Jamais les articles et les ouvrages traitant de la question du management en entreprise n'ont été aussi nombreux. Quant à ceux qui disent aux parents comment s'y prendre avec leur progéniture, ils occupent la première place dans les librairies, et leurs auteurs sont sollicités chaque jour pour commenter la défaite des anciens à la maison. Il est vrai qu'autrefois, il n'y a pas si longtemps, cette tâche était dévolue aux ascendants qui transmettaient à ceux qui leur succédaient leur savoir-faire face à toute situation de la vie quotidienne. Ce qui avait fait ses preuves à la génération précédente devait bien réussir pour la suivante, en attendant la profonde secousse qui s'est emparée du monde occidental dans les années 1960. Puis celle plus récente de la révolution numérique, qui a imposé ses avantages comme ses limites à l'occasion des récents confinements pour cause de Covid-19.

Aujourd'hui, dans le monde du travail, cela passe par des séminaires et autres formations destinées aux cadres dirigeants, aux DRH et aux consultants pour leur apprendre à « conduire le changement ».

Tout un marché d'offres et de conférences s'est développé, profitant de ce malaise contemporain avec une large palette de solutions : 12 000 à 15 000 conférences ont été organisées en France en 2018, représentant un marché de 85 à 100 millions d'euros[1] ! Sans compter celles qui se déroulent à distance, chacun chez soi.

Et dans le même temps, la bergerie nationale du domaine de Rambouillet sert de terrain d'exercice pour des managers qui sont invités à aller dans les prés pour relever des défis en groupe, par exemple conduire un troupeau de moutons ou le mélanger avec un troupeau d'oies, amener un cheval dans une direction qu'il ne veut pas emprunter, parler avec des loups… Après tout, les humains sont aussi des bêtes !

Et une énième société de conseil a ouvert ses portes par une conférence fracassante portant sur « l'efficacité bienveillante » !

L'infantilisation des « décideurs », comme des parents, témoigne de l'ampleur du trouble qui fait préférer la recherche de recettes inopérantes et d'expédients tranquillisants parfois grotesques à des mesures simples de bon sens.

Et cela touche aussi les politiques, qui cherchent parfois désespérément de nouvelles formes d'exercice de leur autorité qui seraient mieux adaptées à l'époque, comme on a pu le voir dans l'évolution des stratégies policières face aux casseurs infiltrés parmi les Gilets jaunes, dans les débats à propos de la loi sur la sécurité et les libertés, ou dans les manières de s'adresser aux électeurs. Nous assistons à une sorte de valse-hésitation des consciences entre la tentation autoritariste quasi animale (le mode républicain) et le chant des sirènes empathique et démagogique (le mode dit démocratie). Le questionnement des responsables, des parents aux gouvernants, a pour conséquence que leur place est remise en cause. La boucle est ainsi bouclée.

Aucun domaine n'échappe à ce dilemme, y compris la sphère privée. Pour les familles en difficulté, *L'École des*

1. *Le Monde*, 2 avril 2019.

parents propose des permanences téléphoniques, des « cafés des parents » et autres consultations conseils. Les magazines poussent sur ce terreau favorable et les suppléments pour parents sont attendus avec impatience. Les modes d'emploi se multiplient pour faire face aux enfants de tous âges, du bébé aux jeunes adultes, en passant par l'enfant et l'adolescent, bien sûr. Or il n'est rien de plus déstabilisant pour ces derniers que d'être confrontés à des référents troublés, en grand égarement, et de ne pouvoir s'appuyer sur des figures adultes suffisamment fiables et au clair avec le bien-fondé de leurs points de vue. En effet, tout se passe comme si le dernier article lu dans le magazine préféré l'emportait sur ce que pense au fond de lui-même le parent. Ce qui conduit son rejeton à pousser le bouchon toujours plus loin, pour qu'enfin il soutienne ce à quoi il tient vraiment ! Et il faut parfois qu'il aille bien loin.

La révolution numérique étant passée par là a contribué encore un peu plus à l'auto-invalidation de bon nombre d'adultes qui ont été conduits à demander aide et assistance aux plus jeunes pour l'usage des outils numériques. Quand de surcroît les réponses qu'ils apportent à leur progéniture sur le terrain scolaire sont invalidées par une recherche rapide sur le Smartphone, *via* Internet…

Certains alors abandonnent la partie, quittent le ring, en espérant trouver dans la fuite un soulagement par rapport à ce qui leur apparaît comme une lutte quotidienne. C'est le sauve-qui-peut, la panique à bord. Tandis que pour d'autres, le sentiment de ne plus savoir comment faire entraîne la peur : ne pas savoir faire tout autant que d'être mal jugé.

Dans le meilleur des cas, pour les plus jeunes adultes, une réorientation des choix professionnels se fait jour au profit d'activités ayant du « sens » ou exercées sous le statut d'indépendant pour éviter la confrontation au fait d'être ou d'avoir un chef.

Lorsque nous préparions cet ouvrage, l'un d'entre nous dit : « Au fond, nous sommes bien dans un monde VICA (volatil, incertain, complexe, ambigu) », comme disent les consultants chics. Et l'autre de répondre : « Oui, mais quoi de nouveau sous le soleil, depuis que le monde est monde ? »

Eh bien, voyons cela !

L'incroyable accélération des changements qui affectent le monde perturbe la temporalité ancestrale de la transmission entre générations, des plus anciens vers les plus jeunes, et rend inassimilables pour certains les progrès dont d'autres profitent.

En cascade, les cadres intermédiaires (environ 20 % des salariés) ne savent plus trop à quel saint se vouer[1]. D'autant qu'ils ont bien compris que leur position entre le marteau et l'enclume les désigne comme d'incontournables fusibles (ils ne sont plus licenciés, mais remerciés !), alors même que leur déresponsabilisation atteint des sommets sous couvert d'autonomie déclarée. Un peu comme l'enfant du milieu de la fratrie dont la place est à construire.

Alors ? L'autorité au singulier a-t-elle laissé la place à des autorités toutes relatives, multiformes ?

1. Ricardo Azambuja, « Les risques psychosociaux concernent désormais un grand nombre de cadres intermédiaires », *Le Monde*, 11 mai 2018.

Chef ou cheffe ?

Et si c'était une femme ? Une femme chef, comment la nomme-t-on ?

Les débats font rage, dans les cercles politiques et économiques comme dans les familles ou encore à l'Académie française. Faut-il dire chef ou cheffe, ou encore chèfe ? Les académiciens ont validé ces différentes options. Mais pour d'autres mots, faut-il – et comment ? – féminiser les titres et les fonctions ? Quitte à choquer les oreilles anciennes. Et pourtant, « cheffe » est retrouvé dès 1859 chez Théophile Gautier[1], et « chefesse » en 1929 chez le grammairien André Thérive.

Autant écrire directrice, professeure ou présidente ne pose plus grand problème, autant les affrontements restent vifs dans d'autres cas, l'utilisation du terme féminicide à côté de l'homicide en étant un exemple récent. Faut-il parler de féminicide, de gynécide, de gynocide ? Le dictionnaire Le Robert ne recense le terme de « féminicide » que depuis 2015. Même si l'Académie française considère que la langue française évolue en même temps que les usages et les représentations de l'un et de l'autre sexe, ce terme avait été mentionné pour la première fois en 1992, dans le titre d'un livre d'une sociologue sud-africaine, Diana E. H. Russell[2].

Mais cette sagesse ne satisfait pas les idéologues qui ne peuvent faire une phrase, et à plus forte raison l'écrire, sans

1. Théophile Gautier, *Histoire de l'art dramatique en France depuis 25 ans*, tome 2, Paris, Hetzel, 1859, p. 106.
2. Jill Radford, Diane E. H. Russell (dir.), *Femicide. The Politics of Woman Killing*, Londres, Open University Press, 1992.

noter les identités sexuelles potentiellement concernées et revendiquées.

Ainsi écrira-t-on des directeur·e·s et des président·e·s, rendant pour le moins perplexes les logiciels de traitement de texte ! Mais en se faisant nombre d'ami·e·s parmi celles et ceux qui considèrent comme inacceptable de « genrer » les humain·e·s…

Nous éviterons quant à nous les ponctuations excessives qui, certes, témoigneraient de notre ouverture indéniable à ces évolutions, mais pourraient freiner l'élan de nos lecteur·trice·s.

Tous ces débats témoignent d'une incontestable et très importante évolution du statut des femmes dans notre société. « Les progrès sociaux s'opèrent en raison des progrès des femmes vers la liberté et les décadences d'ordre social en raison du décroissement de la liberté des femmes », écrivait déjà Charles Fourier en 1808[1]. C'est un bouleversement inouï qui est intervenu après-guerre. Il faut dire qu'après des siècles, voire des millénaires immobiles de ce point de vue, tout, ou presque, a été remis en cause. Quand on raconte aux adolescents d'aujourd'hui que le droit de vote n'a été accordé aux femmes qu'en 1944, et qu'elles ne pouvaient établir un chèque bancaire et travailler sans l'accord de leur mari jusqu'en 1965, que l'égalité salariale a été instituée en 1972 et la non-discrimination à l'embauche en 1975, que l'égal accès à la fonction publique date de 1982… ils ont le sentiment qu'on leur parle d'une époque préhistorique. Mais pourtant cela concerne leurs grands-parents.

1. Edmonde Charles-Roux, *Les Femmes et le travail du Moyen Âge à nos jours*, Paris, Éditions de la Courtille, 1975.

Et n'oublions pas que l'égalité entre les hommes et les femmes a été pour la première fois inscrite dans la Constitution de la IVe République !

Jusqu'à de Gaulle et son fameux « Françaises, Français ! »

Par la suite, la conjonction des progrès scientifiques en médecine et de l'évolution des mœurs a permis de renforcer la dynamique d'autonomie de décision des femmes avec les possibilités contraceptives à la suite de la loi Neuwirth en 1967, puis de la loi Veil ouvrant le droit à l'IVG en 1975, au prix de combats mémorables principalement soutenus par des femmes.

Quant aux relations d'autorité dans la famille et aux rapports de pouvoir dans le couple, ils évoluent grandement depuis quelques décennies, avec la suppression de la notion de chef de famille (« Tiens, encore un chef ! »).

L'autorité paternelle – la puissance paternelle – a alors laissé la place à l'autorité parentale en 1970, changement radical dans la répartition des rôles et des responsabilités dans l'éducation des enfants et à la maison. Même si dans bien des cas, l'autorité de la femme prévalait derrière les murs, laissant l'homme parader au-dehors !

Ce n'est qu'en 2016 que fut établie l'égalité garçons-filles pour fixer à 16 ans l'âge minimum requis pour se marier.

La liste de toutes ces remises en question est évidemment beaucoup plus longue, mais respectons nos lecteurs…

C'est ainsi que dans la vie familiale, comme dans l'entreprise ou plus généralement dans la société, la place des femmes ne peut plus être celle qu'elle était auparavant, même si le temps nécessaire pour l'intégrer est beaucoup plus long que celui des changements dans les pratiques et des conséquences dans la vie.

Les comparaisons que l'on peut établir entre pays de ce point de vue sont intéressantes : les rythmes d'évolution diffèrent grandement entre eux, sans parler des écarts entre continents et entre sociétés industrialisées ou traditionnelles.

Force est de constater en allant vers le nord que les progrès sont plus rapides. Certes, il y a moins de soleil, mais les femmes ont eu avant les Françaises un rôle plus déterminant, ce qui influence grandement l'organisation du travail, de l'enseignement comme de la vie de famille.

Mais ne nous y trompons pas. Pour que cela advienne, il est certes nécessaire que se dégage une volonté partagée par les citoyens et par le pouvoir politique en place, mais aussi que les conditions précoces d'éducation des enfants aient permis l'émergence de ces modèles une fois qu'ils ont grandi. C'est dire que le chantier est encore balbutiant, si l'on se réfère aux conceptions organisatrices de nos crèches et de nos écoles qui préparent les adultes de demain. Mais nous y reviendrons car c'est un déterminant essentiel.

Bjorn a rendez-vous avec les autres « papas » de son quartier pour promener ensemble leurs bambins au parc pendant les onze semaines de congé paternel offertes à Oslo, en Norvège, où il réside. Leurs compagnes ont repris le travail depuis déjà quelque temps. Ils vont comparer leurs expériences respectives dans la confrontation avec leurs jeunes enfants. Leurs collègues de travail ne manifestent aucune condescendance goguenarde au prétexte qu'ils se livreraient à une activité usuellement attribuée aux femmes. Quand leur tour viendra, ils seront heureux de profiter de ces instants.

Ceux qui sont atteints... par la limite d'âge naturelle peuvent être déroutés par ces nouvelles pratiques, mais ils les accueillent comme un nouveau « standard ».

Une nouvelle étape vient d'être franchie en France portant la durée de ce congé à vingt-huit jours : en progrès, mais il y a encore du chemin à parcourir !

En France, Chloé surprend son grand-père en train de regarder *Mad Men*[1] sur son écran avec nostalgie, y retrouvant manifestement une magnifique (et effarante) illustration du fossé entre les pratiques « de son temps », il n'y a pas si longtemps, et celles d'aujourd'hui. Chloé est interloquée. L'image qu'elle s'était forgée de son grand-père jusqu'alors est en train de voler en éclats. Tout la heurte : les images elles-mêmes, mais après tout ce pourrait être une fiction comme dans les séries historiques qu'elle apprécie ; mais surtout les réactions de son ascendant qui, non seulement n'a pas l'air choqué, lui, mais semble en être familier voire apprécier les scènes qui se succèdent. C'est bien un homme d'hier qui se cache derrière ce grand-père si affectueux.

Elle n'a pas la moindre notion du fait que cinquante ans plus tôt, les mâles dominants régnaient au bureau sur leur secrétaire et au foyer sur leur femme avec un cynisme parfaitement inconscient.

« Mais, Papou, c'était vraiment comme ça ? » questionne-t-elle.

Et le débat qui s'engage entre eux va lui permettre de mesurer l'évolution majeure qui a eu lieu, sans pour autant conclure que c'était mieux ou moins bien avant, mais en réalisant que c'est simplement totalement différent. Chacun, étant en grande

1. *Mad Men* est une série américaine mettant en scène le fonctionnement quotidien de cadres supérieurs dans une agence de publicité new-yorkaise des années 1950 et, en particulier, les relations entre les hommes (caricaturalement dominateurs, alcooliques et cyniques) et les femmes, qu'il s'agisse des leurs, de leurs collaboratrices ou de leurs maîtresses.

partie prisonnier de ses représentations et de ses références, risque le plus souvent de glisser vers les jugements de valeur.

Chloé commence un stage dans une agence de pub, justement. Les habitudes relationnelles qu'elle y trouve lui paraissent évidentes, comme installées depuis la nuit des temps : on s'y tutoie d'emblée. On embrasse ses contemporains en âge pour dire bonjour comme au revoir, en tout cas avant que le port du masque ne soit obligatoire. On trouve dans l'open space de travail un endroit pour se relaxer, des lieux de convivialité et de jeux partagés. Il y a même un bar avec un flipper.

Sa grand-mère, à qui elle a décrit cet environnement qui lui convient, s'inquiète de la promiscuité qu'il doit induire. Mais Chloé, surprise, n'évoque aucune ambiguïté dans les relations, pas plus des gestes déplacés ou des allusions inadaptées. Les « Mon petit, apportez-moi un café ! » n'ont plus cours. Les relations hiérarchiques semblent avoir laissé la place à des collaborations directes.

« C'était comme dans *Mad Men*, de ton temps ? » demande-t-elle.

— Oui, c'est pourquoi je me suis engagée pour que ça change », répond l'aïeule, précisant qu'elle continuait toujours à travailler pour assurer son indépendance et qu'elle revenait d'ailleurs d'un meeting sur les violences faites aux femmes dans le sultanat de Brunei.

Toutes les adolescentes et toutes les grands-mères ne sont pas ainsi. Le décalage majeur entre ce qui était et ce qui ne peut plus être aujourd'hui peut certes générer du dialogue, et même de la curiosité, mais aussi du conflit et de l'incompréhension, des jugements péremptoires, voire des ruptures. Tandis que la fracture générationnelle est repérable dans presque toutes les familles, conduisant à lever un éventuel aveuglement des anciens, dans les allées du pouvoir politique comme dans celles des entreprises la situation évolue moins vite. C'est le moins que l'on puisse dire. Certaines d'entre elles tentent d'obtenir un avantage concurrentiel en mettant en avant une politique « inclusive » et s'activent en faveur non seulement de la parité mais aussi de la reconnaissance de la contribution créative des femmes. Quand d'autres sont pointées du doigt pour leurs conceptions rétrogrades, et leur insuffisante considération des femmes, y compris sur un plan salarial.

Force est de constater que la testostérone, pourtant de plus en plus souterraine, voire clandestine, reste une hormone dominante dans ces univers.

Souvenons-nous du retrait précipité d'Édith Cresson, Premier ministre, par François Mitterrand. Ou de l'épisode des « Juppettes » marquant le mandat de Premier ministre d'Alain Juppé. Mais c'était dans des temps anciens…

Ou ce grand groupe dans lequel il est possible de surprendre ce dialogue :

« Ah oui, on avait parlé de Véronique pour la direction générale. Mais Jean-Paul est quand même plus crédible à l'international… » Ou encore : « On ne va tout de même pas prendre une femme incompétente au comité exécutif juste pour le plaisir d'afficher un début de parité. »

Même si le politiquement correct interdit ces propos en public – et c'est tant mieux –, ils continuent de fleurir en petit comité, et dans bon nombre de têtes.

Résurgence d'archaïsmes, de réflexes hostiles au changement, du décalage entre le discours officiel et la réalité des pratiques : la nature humaine peine à intégrer le rythme soutenu de ces transformations.

Il n'est pas incroyable que tout ne soit pas réglé. Il reste encore nombre de champs à labourer, d'ignominies à faire disparaître et d'anomalies à corriger.

Au rythme où vont les choses, parions qu'il faudra bien encore au moins une génération pour modifier la donne si nous la traitons dès la naissance différemment d'aujourd'hui. Mais encore cela ne concernera qu'une partie très réduite du monde, tant, ailleurs, certains continuent de s'accrocher à une représentation de la femme comme sous-citoyenne, mineure en quelque sorte.

Le chemin est encore long pour atteindre l'objectif paritaire réel et intégré comme donnée indiscutable dans la réalité des pratiques familiales, à l'université, dans l'entreprise ou en politique.

À titre d'anecdote, voyez comme l'attribution de vêtements de travail ou de locaux sanitaires mieux adaptés aux femmes, à la SNCF, a pu rencontrer des obstacles qui ne sont pas encore tous écartés. Et qui demeurent présents dans nombre d'univers autrefois traditionnellement masculins. Et que dire des toilettes dans les écoles ?

Comment faire face à tous ces changements qui bousculent les repères ancestraux ? En dehors de la minorité qui y voit des opportunités d'innovations, pour l'immense majorité des autres, c'est le désarroi qui domine, à la recherche de points d'appui qui disparaissent en attendant leurs indéfinissables remplaçants.

Certains en sortent déprimés, en burn-out, sans ressources, tandis que d'autres s'engagent dans la lutte pour maintenir les repères du passé, seuls à même de les rassurer. Ils trouvent ainsi le moyen de se maintenir dans une position active, évitant celle dans laquelle ils s'estiment condamnés à subir.

Alors comptons encore sur la génération suivante dont les mères (et les pères espérons-le) auront façonné une autre façon de penser la place de la femme dans la société.

Contestation générale

Comme dans toute période de grande incertitude, le terrain est favorable aux contestataires. Prévoyant des catastrophes si on laisse les chefs décider, il leur paraît plus simple d'organiser les drames pour moins les redouter. Plus simple de s'opposer aux décideurs plutôt que de suivre leurs conseils ou leurs prescriptions. Plus simple d'engager un dialogue permettant à chacun d'exposer sa vision. Car les voies dessinées par ces derniers si elles s'engagent sur le chemin de la nouveauté ne peuvent évoquer que des promesses inquiétantes. Le familier avant tout !

Et cette tendance se retrouve aussi bien à la maison qu'en dehors de la sphère privée.

Nous sommes dans l'une de ces cafétérias d'entreprise, dans le quartier de la Défense. Entre collègues cadres de la quarantaine, la conversation va bon train :

« Pfuuu ! Y en a marre de cette boîte ! Mon patron ne sait pas où on va. Si y a une stratégie dans la maison, c'est pas lui qui va le faire savoir ! D'ailleurs, je comptais lui en parler pendant mon entretien annuel, mais il vient de le reporter pour la deuxième fois ! Toutes les idées que je peux avoir, il s'en fout complètement. Le seul truc qui l'intéresse, c'est le chiffre en bas de la page. Les réunions de service, maintenant, c'est un monologue du chef entrecoupé d'appels téléphoniques “d'en haut !”. Et toi, ça va depuis qu'on s'est vus ?

— Oh, tu sais, je reste parce que la soupe est bonne, mais je regarde un peu sur le marché si je pourrais trouver un truc plus excitant... Mais, en même temps, je ne suis pas certain d'avoir envie de m'engager à fond. Faudrait vraiment que j'aie un chef super. Ou alors, que je monte ma boîte... »

Au même moment, à la cantine du lycée, deux copains en classe de seconde échangent leurs humeurs du jour :

« Mon *rèp* veut pas que j'aille à l'anniv de Constance. J'en ai marre. Je m'en fous. Si ça continue, je vais aller porter plainte pour harcèlement !

— Ouais, moi, c'est ce prof de maths qui me harcèle sous prétexte que je viens pas à tous ses cours. Mais il me gonfle ! Pour qui il se prend ? C'est quand même pas lui qui va décider de ma vie ! Si ça continue, je vais plus y aller du tout. »

Le week-end suivant, un jour de mars 2019, sur un rond-point à la sortie de Guéret, ça discute ferme autour du barbecue :

« Ce n'est pas parce qu'il a été élu qu'il doit pas démissionner : on n'en veut plus. Un point c'est tout. Qu'il dégage ! On est les cocus dans cette affaire. D'ailleurs, c'est pas par hasard qu'on est en jaune ! » conclut-il en faisant rire la troupe. Un rire jaune bien entendu...

Quelques mois plus tard, le même président que les ronds-points avaient honni, vilipendé et démonétisé fait une audience record de 37 millions de téléspectateurs pour apporter la bonne parole du chef de guerre respecté, attendu face au virus de la Covid-19. Discours martial, ton grave. Le rapport du chef aux administrés vient de se métamorphoser à la faveur d'un virus. Bien sûr, ces phénomènes ne sont pas nouveaux. Ils sont désormais puissamment amplifiés par les médias.

L'époque n'est pas simple pour les chefs comme pour ceux qui en dépendent, pas plus pour les parents et leurs enfants d'ailleurs.

Le rapport à l'autorité est devenu compliqué, secoué par une contestation générale qui va des enfants aux électeurs en passant par les salariés. Quand, en plus, ils ne se sentent défendus par aucun organisme efficace et représentatif, tout est en place pour que la plainte s'exprime. Et comme la plainte est sans fin, n'étant pas destinée à appeler des réponses pour le changement revendiqué, elle possède des vertus que l'expression active de solutions ne peut avoir, car elle s'exposerait immédiatement à la critique qui alimente la plainte.

Le chef est une figure qui se prête particulièrement bien à endurer les critiques et les projections inquiètes de ceux qui, dans le même temps, demandent son départ. Mais conçoit-il toujours l'un de ses rôles ainsi ?

D'un côté, il est jugé insuffisant, voire illégitime, quand de l'autre il est vécu comme une entrave insupportable à la liberté individuelle et à la soif de réponses immédiates.

Simplement dit, on ne veut pas de chef… Mais on en aimerait bien un bon quand même. C'est-à-dire un chef qui combine les attributs du Père Noël, du Père la rigueur et du… père-missif ! Qui est candidat ? Un chef qui nous rassure et qui nous dit qu'on est formidables…

La mission paraît impossible si l'on ignore la grille de lecture si flagrante de l'enfant qui semble chercher la réprimande en provoquant toujours plus, alors qu'en fait il espère un câlin ; ou face à l'adolescent qui se plaint de façon récurrente du traitement que ses parents lui réservent, car ils ne pensent à l'évidence qu'à l'empêcher de vivre en le bridant sans cesse et qui, mis en situation de responsabilité par ces derniers, le vivra comme un désamour ou un abandon. Ces paradoxes sont monnaie courante dans les familles, la pratique clinique en témoigne chaque jour, mais aussi chez les employés et les électeurs.

« Quand allez-vous me lâcher un peu ? Vous êtes tout le temps sur mon dos ! Cassez-vous ! »

Et quelques semaines plus tard : « Mon chéri, ton père et moi partons en week-end. Tu es assez grand maintenant pour te débrouiller sans nous, n'est-ce pas ?

— Mais y a rien dans le frigo ! Et ça ne vous gêne pas? Vous pensez vraiment qu'à vous ! »

Il cherche, en les testant, à évaluer l'amour dont il serait toujours ou non l'objet, craignant tant de le perdre. L'ambivalence règne en maître. Indépendant, oui ; mais assisté néanmoins.

Il est tellement plus simple de s'opposer pour exister : comportement typiquement adolescent !

Écoutons une jeune recrue : « Je crois que je vais démissionner et prendre le poste qu'on me propose dans la boîte d'à côté. Ce n'est pas tellement le salaire qui change grand-chose, mais j'étouffe à cause de l'absence d'autonomie et de la pression technocratique du siège. »

Quelques mois plus tard : « Ah, ça fait drôle, on est vraiment laissé à soi-même, ici, ça manque de direction, d'ailleurs on dirait qu'ils ne savent pas où ils vont ! »

Bien entendu, ces mécanismes existent depuis que le monde est monde.

Mais après quelques décennies de calme apparent, à la suite du tumulte de Mai 68, force est de constater que l'expression des désaccords et des oppositions est beaucoup plus ouverte, explicite, radicale même. Et ce constat peut être fait dans la sphère familiale comme aux confins du Soudan ou dans les rues d'Alger jusqu'à l'arrivée du virus de la Covid-19, salutaire pour le pouvoir en place, alors même que les discours officiels sont à l'ouverture, au dialogue et à la recherche d'une compréhension mutuelle. Il faut dire que ça commence tôt dans la vie et que le moindre appel du tout-petit apparaît souvent comme un ordre ou au moins une demande à satisfaire très rapidement pour éviter la frustration et le mécontentement qui en résulterait.

Les différences entre la e-génération et ses ascendants se présentent transitoirement comme un gouffre et non plus comme « le fossé des générations » dont pouvait parler Margaret Mead[1] il y a quelques décennies. Le monde a tellement changé en un temps record.

Les chefs eux-mêmes ont de plus en plus de mal à s'affirmer en tant que tels, mais le souhaitent-ils vraiment encore ? Les parents s'autorisent-ils à donner des ordres qu'ils veillent à faire respecter ? Ou s'agit-il d'un mécanisme d'autocensure, qui ne trouve plus en retour la légitimité et la reconnaissance attendues ? Le fait est qu'ils se sentent souvent comme balayés par un raz-de-marée alimenté par les réseaux sociaux, la bien-pensance à l'américaine souvent démagogue et la « ringardisation » des comportements qui ont constitué la contrepartie de l'autorité, tels la discipline ou le respect. Il ne reste plus que la survenue de circonstances exceptionnelles pour hisser le chef sur le piédestal du vainqueur. Faut-il encore qu'il ait l'étoffe d'en incarner le rôle en sachant qu'il se rapproche plus d'un intermittent du spectacle que d'un sociétaire de la Comédie-Française...

De l'homme préhistorique qui protégeait ses proches, nourrissait sa famille et gardait la caverne contre les intrus, notre

1. Margaret Mead, *Le Fossé des générations*, Paris, Denoël/Gonthier, 1971.

époque n'a plus besoin. Et ceux qui continuent de jouer les Cro-Magnon font hurler de rire beaucoup plus qu'ils ne font autorité ou inspirent la crainte.

Ce qui rend la tâche plus rude pour les organisations hiérarchisées, qui ne parviennent plus à imposer leurs modalités de fonctionnement. Le « participatif » est désormais la règle.

À titre d'exemple dans les temps récents, nous avons pu lire les critiques adressées à Aurélie Dupont dans un sondage relayé et commenté par la presse[1] par le personnel de l'Opéra de Paris : une attaque frontale, *ad hominem*, insultante, cherchant à blesser. « La directrice actuelle [Aurélie Dupont, arrivée en 2016] ne semble avoir aucune compétence en management, et aucun désir d'acquérir une telle compétence », affirme par exemple un danseur dans un questionnaire interne.

« C'est impossible de lui parler. Elle refuse tout entretien. Elle s'est barricadée dans son bureau », regrette Marie, qui évoque de rares échanges, mais « violents », « rabaissants » et « secs ».

« Je n'ai pas l'impression qu'on soit dans un rapport d'humain à humain, d'adulte à adulte avec nos supérieurs hiérarchiques », évoque pour sa part Jules, sans donner de noms. Ou encore des députés contestant les consignes de leur propre parti ; des candidats « dissidents », bravant les limites établies pour présenter leur candidature contre d'autres du même camp ; des Gilets jaunes demandant le départ du président ; des urgentistes s'opposant au ministre de la Santé ; des retraités manifestant leur opposition aux consignes de Bercy ; des zadistes contre l'autorité de l'État à Notre-Dame-des-Landes…

---

1. Guillaume Tion, « Harcèlement : le ballet de l'Opéra secoué par un sondage », *Libération* du 17 avril 2018.

Tous ronchonnent, manifestent frontalement et cassent tout parfois.

Peu importe que les revendications soient légitimes et/ou incohérentes, pourvu que ça fasse du bruit et que les détenteurs de l'autorité soient déstabilisés, considérés comme illégitimes. « C'est mon droit », dit l'enfant à ses parents lorsqu'il est mécontent d'une décision de ces derniers qui ne lui convient pas. Quand il ne menace pas de faire appel au juge pour enfants ou au défenseur des droits !

Une contestation brouillonne, anarcho-libertaire du fait de minorités agissantes, entraîne la masse qui se dit favorable – au fait d'être contre –, sondage après sondage. Et l'apparent et transitoire unanimisme durant la crise de la Covid-19 n'a pu en réalité masquer longtemps l'opposition endémique antérieure qui réapparaît de plus belle à n'importe quelle occasion.

Tout se passe comme si la dynamique de groupe ne pouvait fonctionner que grâce à un chef à contester et non plus à suivre ou à écouter. On ne veut plus de guide, on veut une cible vers laquelle diriger la pulsion de protestation. L'autorité est désormais récusée et non plus contestée.

Une étude approfondie mériterait d'être conduite pour en identifier la multiplicité des causes : disparition des référents stables, globalisation, développement exponentiel de l'information, affaiblissement des religions, évolution des représentations sous-jacentes aux pratiques éducationnelles… Il serait sans doute compliqué de démêler les liens de causalité, l'œuf ou la poule. Depuis bien longtemps, les responsables politiques se sont plaints de ces « ingouvernables » Français. À ce substrat traditionnellement ronchon s'est aussi ajoutée une éducation parfois exagérément permissive.

De surcroît, après une guerre longue et coûteuse, le « patronat » a réussi à affaiblir les syndicats, qui ne sont donc plus en mesure de reprendre en les rassemblant les revendications multiples, et de les organiser dans une plate-forme intelligible et surtout négociable. Ceux qui se sont réjouis de la quasi-disparition de la CGT et de Force ouvrière feraient bien d'y réfléchir à deux fois !

Les enfants, eux, disposent d'un défenseur de leurs droits, attentif et réactif ! Récusant l'autorité de parents en mal de légitimité, et le droit comme le devoir de ces derniers à l'exercer, ils refuseront quelques années plus tard la scolarité en s'absentant.

Dans les entreprises, comme en général le pacte salarial procure des avantages certains, la contestation est plus sournoise : on évite l'affrontement en général et on lui préfère une loyauté toute conditionnelle.

Résultat : l'engagement est plutôt faible, l'intérêt personnel est privilégié. Quant à la sphère privée, base de repli obligée en temps de confinement, elle a bien montré ses vertus retrouvées dans certains cas, tandis qu'elle s'est révélée un enfer dans d'autres. La découverte des enfants par leurs parents, et des parents par leurs enfants, dans la cohabitation forcée qui fut la leur pendant les confinements, a représenté pour certains une occasion de faire connaissance avant que chacun ne reprenne rapidement son rôle antérieur.

Quant au monde du travail, on assiste à un opportunisme carriériste sans scrupules ainsi qu'à l'explosion des projets personnels tout autant qu'à une recherche de sens et de partage inédits depuis la fin des années 1960. En tout état de cause, le principe de loyauté régissant les rapports entre les salariés et l'entreprise s'est bel et bien transformé au profit, au mieux, du contrat. Et au pire, de l'idée selon laquelle rester longtemps au même endroit signale une coupable faiblesse.

Où est passé le mode d'emploi ?

Depuis l'aube de l'humanité, la place des chefs et de ceux qui en dépendent était établie par les codes sociaux de leur société d'appartenance. Et même lorsqu'ils étaient contestés, les mécanismes de régulation fonctionnaient sur un mode identifié par tous. Il en allait ainsi dans la cité comme dans les familles, quelle que soit la région du monde concernée. L'intérêt collectif préexistait à l'individuel, et le dominait. Force est de constater que depuis quelques décennies, et sans qu'un nouveau mode d'emploi partagé ait été mis en place, tous les repères ancestraux sont remis en question. Les parents se questionnent en permanence sur la légitimité de l'autorité qu'ils aimeraient exercer à propos de la vie quotidienne de leur enfant, de ses horaires de coucher, de ses usages des écrans, du temps qu'il consacre au travail… Quant aux responsables d'entreprises, comme aux gouvernants, ils oscillent sans cesse entre des décisions qui vont être immédiatement contestées au motif qu'elles ne prendraient pas suffisamment en compte l'avis des personnes concernées, et une exploration, souvent vaine car disparate, des souhaits de ceux qui dépendent d'eux.

Les nostalgiques peuvent encore se tourner vers des régions du monde où le chef et son autorité sont institués de manière indiscutable. Ainsi par exemple en Chine. Il y a peu de temps encore l'État décidait du nombre d'enfants par famille. Aujourd'hui, chaque individu est ou va être… noté grâce aux progrès accomplis par les technologies contemporaines, qui permettent la reconnaissance faciale, le croisement et la centralisation des données laissées par chacun dans son usage d'Internet et des réseaux sociaux. Vive le big data. Eux, le mode d'emploi, ils connaissent : pour cause de retard de paiement, d'achat d'alcool (bière comprise), de tabac, d'infraction à la circulation, de critique du gouvernement – car tout sera compilé, stocké. Le moment venu, selon le comportement jugé plus ou moins adéquat, il sera plus difficile (voire impossible) de louer ou d'acheter un appartement ou une voiture, de trouver un emploi.

Ainsi, les bons citoyens formatés par un mode d'emploi imposé pourront avoir quelques avantages.

Quand on les interroge « à la volée », des jeunes gens souriants déclarent et argumentent leur adhésion à ces pratiques. L'un dit même : « À quoi ça sert d'être vertueux si ça n'est pas reconnu ? » L'autre affirme que c'est la seule façon d'obtenir un fonctionnement collectif organisé.

Il faut absolument voir à ce sujet « Chute libre », l'épisode 3 glaçant de *Black Mirror* sur Netflix et son caractère à peine prémonitoire : dans un futur pas si lointain, une jeune femme cherche à améliorer son rang social en multipliant les occasions de recevoir et accumuler des *like* grâce à toutes ses rencontres, y compris les plus banales. Elle bute progressivement sur des obstacles qui précipitent son classement au plus bas de l'échelle en lui infligeant une dégradation sociale catastrophique.

Pendant ce temps, le bon M. Xi et son petit sourire d'allure bonasse peut exercer un pouvoir de plus en plus difficile à contester par ses sujets, qui n'ont plus à avoir de doutes sur la manière d'organiser leur vie…

Mais ce modèle autoritaire prévaut aussi chez le voisin coréen du Nord, et dans une moindre mesure en Iran, en Hongrie, en Russie… « C'est moi le chef, et c'est moi qui décide ! » Et si ça ne convient pas : silence ou prison.

Tandis que nous, Français nourris au lait de la Révolution française et des Lumières, frémissons d'indignation devant ces pratiques impensables, « fascistes », barbares, même lorsqu'elles se situent sur le territoire d'une des plus vieilles civilisations du monde. Et pourtant la Chine n'est pas loin, propriétaire, entre autres, de l'aéroport de Montpellier…

Car nous militons ardemment en faveur du respect démocratique des pratiques de chacun, de l'épanouissement personnel, de la disparition des invariants et des modèles.

Et peu importe si un doigt de démagogie (de bien-pensance ?) vient se glisser dans cette doxa. Le code est méprisé. Les modes d'emploi applicables à tous sont révoqués au profit du choix par chacun de ce qui lui convient le mieux. « Dis-moi ce que tu préfères », demande aujourd'hui le parent à son petit. Et pas question de lui servir la soupe commune. Le « collectif » social vient loin derrière l'individualisme ou la défense d'intérêts particuliers, en dehors de circonstances très particulières et souvent dramatiques dans lesquelles est retrouvé pour un temps limité avec une certaine jubilation le sentiment d'une appartenance groupale à une communauté, avant le retour à la case personnelle. La recherche du consensus social ou familial est regardée comme une incongruité du passé, inatteignable autant que rejetée.

« L'attention réduite que nous accordons aux impulsions venues d'en haut et le volume croissant d'informations que nous échangeons horizontalement dans nos réseaux sociaux, tout cela périme à une vitesse météorique nos règles du jeu collectif[1]. » L'avalanche de nouveautés recouvre rapidement les couches fraîches de ce qui surprenait hier et apparaît déjà désuet. Et si l'on veut se présenter comme moderne, il n'est pas question de recourir aux vieilles recettes ! Il faut « inventer son avenir », identifier ce qui nous convient en fonction de notre singularité.

Tout se passe comme s'il s'agissait d'un changement d'état soudain, tel le liquide passant à quelques degrés près à l'état gazeux, à la suite d'un long temps de chauffe.

Le discours politique tente de s'accrocher au convoi qui accélère, privé de capacités d'anticipation d'un monde qui va si vite, au risque de déclarations ébouriffantes et désordonnées, du genre, je suis un « républicain démocrate ». Et pourquoi pas un lapin volant ? Ou en courant après ce qu'il semble consensuel de soutenir, en intervenant dans la vie privée des familles avec par exemple une loi interdisant la fessée. Constantes oscillations entre une position apparente d'autorité et un respect proclamé des libertés individuelles.

Car enfin, soit on se place dans une organisation verticale où le chef, la tradition, le *process* donnent le *la* – le code[2] –, soit on recherche une fertilisation horizontale en mettant en place une organisation susceptible de libérer les énergies et les talents. Et dans ce cas, le code est défini par les protagonistes pour un objectif précis et limité dans le temps. Faut-il d'ailleurs encore que le procédé soit sincère et qu'il ne cherche pas à dévoyer la pensée de la base au profit d'un premier mode déguisé !

---

1. Hervé Sérieyx, Michel Vakouloulis, *Du pouvoir vertical aux pouvoirs partagés*, Paris, Éditions de l'Atelier, 2018.
2. « Le Mode 1 de la sociodynamique », https://www.institut de la sociodynamique.

Confondre les deux approches, nous y reviendrons, revient à prétendre greffer des ailes au même lapin.

Et rien n'est pire qu'un système où les protagonistes n'ont pas effectivement la parole pour participer à la définition du code et où le chef ne parvient plus à incarner le code. En tout cas pour ceux qui n'ont pas toutes les ressources nécessaires pour vivre dans le flou. Ces derniers cherchent la solution dans les remèdes du moment, mis en avant médiatiquement et censés régler les débats. De nombreux magazines et moult émissions télévisuelles prétendent ainsi apporter leur lot de réponses à ceux des parents qui les espèrent.

Il en va de même dans la société, qui tente de tracer son chemin entre les grands débats et les décisions qui revendiquent leur légitimité par le fait d'en sortir. Jusqu'au prochain débat qui permet davantage de mettre en évidence les contradictions et la diversité des points de vue que d'aboutir à un consensus espéré, mais jamais trouvé.

En famille, la parole est désormais à l'enfant. Dès le plus jeune âge, il conviendrait, nous dit-on, de l'inclure dans les discussions concernant aussi bien le menu du prochain repas que le programme des vacances à venir. La démocratie familiale est en marche. Et comme chacun sait, elle est depuis déjà longtemps considérée comme le moins mauvais des régimes. Mais la question de l'arbitrage pour décider n'est bien souvent pas réglée *a priori*. Qui s'autorisera à décider *in fine* ? Au nom de quoi ? Car désormais, ni l'âge ni le sexe ne justifient une prise de pouvoir considérée comme abusive[1].

1. « La famille d'aujourd'hui n'est ni plus ni moins parfaite que celle de jadis : elle est autre, parce que les circonstances sont autres. Elle est plus complexe, parce que les milieux où elle vit sont plus complexes. C'est tout », écrivait déjà Émile Durkheim en 1888 dans *Introduction à la sociologie de la famille*.

Les plus audacieux des parents, après échange conjugal, osent soutenir leur point de vue et la contestation enfantine, nageant à contre-courant des manières de faire apparentes. Les autres abandonnent piteusement la partie, pour s'aligner sur le choix de leur progéniture, afin d'éviter des conflits qu'ils n'ont aucune envie de rencontrer.

Le modèle à la française[1] semble bien dépassé, qui s'appuyait sur la verticalité, les égards vis-à-vis de la hiérarchie, la contestation étant reléguée au monde intérieur, générant les névroses si bien décrites par Freud dans lesquelles les conflits intérieurs remplacent par déplacement les combats d'antan. C'est aujourd'hui de nouveau sur une scène extérieure qu'ils se déploient, revêtus de gilets jaunes, de noir, ou de tout autre signe extérieur de désaccord. Et dans le domaine psychologique, les pathologies du narcissisme et les états limites dament progressivement le pion à ces troubles d'antan.

Les écoles connaissent toutes ces enfants, de plus en plus nombreux, qui transgressent quasiment à ciel ouvert, sans culpabilité repérable, et qui se plaignent d'être maltraités lorsqu'ils sont rappelés à l'ordre. Et leurs parents volent souvent à leur secours, mettant en cause l'école et ses responsables ! « Ce qui me convient est ce qui prime », tel est le mot d'ordre de plus en plus partagé.

Il faut noter que le respect parfois démagogique des pratiques de chacun, comme la disparition des codes établis, conduit à penser hors modèles. L'idée même de modèle est contestée, ignorant les modalités de construction identitaire de l'être humain qui de tout temps s'est opérée depuis sa naissance à partir des identifications aux figures adultes qu'il

1. Philippe d'Iribarne, *La Logique de l'honneur*, Paris, Seuil, 1989.

cherche à répliquer ou à rejeter. À présent, nous fonctionnerions collectivement – époque adolescente oblige[1] – dans un présent qui existerait *ex nihilo*, excluant toute influence d'autrui sur soi.

Il s'agit d'un idéal bien connu de l'adolescent, à savoir l'autoengendrement, qui l'amène à considérer qu'il ne doit rien à personne dans la construction de lui-même… et en particulier à ses parents. Être débiteur paraît insupportable pour beaucoup, que le débit concerne les ascendants, leurs expériences et ce qu'ils ont cherché à transmettre, en famille comme dans l'entreprise ou dans la vie politique nationale. Nous le voyons chaque jour dans la jeunesse quand elle jure de ne jamais, au grand jamais, vivre comme ses parents ; ou dans le monde politique où la notion d'héritage révulse, tant elle est considérée comme négative, au profit d'une création inédite. Jusqu'aux suivants. S'inscrire dans une histoire, à moins de la répéter sans s'en apercevoir, n'est plus la voie à suivre, nous dit-on.

Cet espoir illusoire a pour conséquence principale pour certains de ne plus pouvoir faire le reproche de ce qui ne convient pas à un responsable extérieur, mais de ne pouvoir que s'en vouloir de ne pas parvenir à ses fins, générant ainsi une augmentation significative des autosabotages et autres burn-out. Combien d'adolescents revendiquant une autonomie de décision sans réaction parentale en paient le prix, se trouvant dans l'impossibilité d'en vouloir à ces derniers lorsqu'ils réalisent les conséquences de leurs choix ? C'est particulièrement le cas pour ce qui concerne l'usage du cannabis ou de l'alcool.

1. Patrice Huerre, Mathieu Laine, *La France adolescente*, Paris, JC Lattès, 2013.

Le flou des positions parentales est un des déterminants de l'engagement dans un usage régulier. Comme si, à défaut d'un point d'appui solide (à contester le cas échéant), il n'y avait d'espoir de savoir leur point de vue réel qu'en majorant la consommation de façon visible.

C'est là que se situe de la façon la plus évidente la nouvelle « fracture sociale ». Le fossé augmente sans cesse entre ceux que l'effondrement des repères partagés et un rapport à l'autorité bouleversé plongent dans un désarroi croissant et ceux pour qui ils représentent un avantage inédit, dans la mesure où il leur permet une liberté que les cadres contraignants d'antan ne pouvaient offrir.

En effet, les avantages sont importants. Il est désormais possible, voire souhaité, de disposer d'une autonomie de réflexion et d'une marge de jeu et d'expérimentations inégalées. Il y a beaucoup plus d'espace pour les innovations, le surprenant et l'inattendu. Beaucoup plus de possibilités d'émancipation d'un cadre préétabli. Mais les plus vulnérables sont sur la touche, spectateurs inquiets et parfois envieux de ces mouvements dont ils sont réduits à être les témoins.

Car de nouvelles pratiques n'ont pas encore pris place du fait d'un consensus suffisant : où donc est passé le mode d'emploi qui a fonctionné si longtemps ?

La question ne se posait pas : les codes étaient immuablement établis selon l'âge, la situation, la classe sociale. Il suffisait de s'y référer, quoi qu'on en pense alors. Les codes vestimentaires, les usages dans la vie quotidienne, comme dans les transports en commun, et les manières de se comporter les uns avec les autres, tout était codifié. Même si chaque génération a confusément cherché à bousculer les modes d'emploi avant de s'y conformer peu ou prou. Et puis, chez nous, il y a un culte certain et ancien de l'affrontement. Qui permet aux bonnes âmes de s'indigner, aux irréductibles de hurler misère, et parfois de déplacer les lignes !

Comparons une manifestation sur les Champs-Élysées durant l'hiver 2018-2019 ou entre Bastille et République en novembre 2020, et une manifestation en Suisse avec un homme seul brandissant une pancarte aux heures de bureau ! Les capacités revendicatrices en France sont décidément explosives. Vieille tradition latine bien éloignée des usages de l'Europe du Nord plus respectueux des règles.

Mais deux phénomènes sont intervenus qui ont bouleversé le paysage et contribué à accélérer les mutations. À la fin des années 1960 tout d'abord, la « révolution » de 1968 qui a poussé toute une génération à contester l'autorité des anciens et les modes éducatifs antérieurs, conduisant les adultes à prêter attention à la parole des plus jeunes. Dans la foulée, l'attente d'une réassurance affective des enfants par les parents s'est inversée, débouchant sur des besoins parentaux de plus en plus fréquemment exprimés de savoir comment faire pour garantir l'amour que leurs enfants pourraient avoir pour eux. Comme ces parents reçus en consultation à leur demande à la suite d'une fâcherie avec leur très jeune enfant qui, en représailles, leur avait dit : « J'vous aime plus. » Je leur ai demandé d'imaginer ce qu'aurait répondu leur grand-père ou leur grand-mère si l'un de leurs enfants s'était exprimé ainsi. Ils auraient probablement dit : « Ça suffit, va au lit ! », sans se sentir pour autant mal-aimés. D'ailleurs, la question de l'amour était bien secondaire par rapport à celle du devoir.

Puis vint le tout début des années 1990, avec l'arrivée d'Internet, puis des réseaux sociaux un peu plus tard, comme Facebook en 2004 aux États-Unis, et en 2008 en France, qui ont contribué à valoriser les relations horizontales, au sein d'une même génération, au détriment des verticales. C'est là désormais que se trouvent les réponses aux questions que l'on se pose, et non plus chez les anciens, réputés dépassés par les changements technologiques et les nouveaux usages qu'ils génèrent.

Outre la faible place que cette évolution laisse aux rapports hiérarchiques, elle a créé une situation totalement inédite dans l'histoire humaine, à savoir que pour la première fois la génération juvénile enseignait la précédente. Il s'agit bien entendu d'une parenthèse historique, limitée dans le temps, dès lors que les parents d'aujourd'hui ont connu dès leur enfance les outils numériques. Mais les conséquences sont évidentes sur les relations d'autorité, si l'on considère qu'elles sont en grande partie fondées sur des savoir-faire et savoir-être plus importants chez les anciens que chez les enfants.

N'oublions pas que ce qui se joue dans la génération des *millennials* est le résultat de l'éducation par leurs parents post-soixante-huitards ! « Il est interdit d'interdire » et « Sous les pavés la plage » étaient des slogans qui inauguraient bien ce qui allait suivre dans un temps décalé.

À présent, le supermarché des modèles a remplacé le modèle unique qui fondait les relations éducatives et d'autorité.

Chaque sous-groupe, chaque personne, établit son point de vue sur le rapport à avoir avec l'autorité et demande qu'il soit respecté. Chacun choisit le vêtement qui lui convient, porteur d'un message identitaire ou d'une revendication (comme le vêtement d'Insoumis à l'Assemblée nationale par certains) autant que la façon de se tenir dans des situations traditionnellement codifiées (voir la façon dont Nicolas Sarkozy se tenait face au pape).

Il n'est qu'à regarder des photos ou les premiers documents filmés dans les rues de Paris il y a un siècle pour mesurer le chemin parcouru. Tous les passants étaient vêtus en suivant les références commandées par leur appartenance sociale, leur sexe et leur rang hiérarchique, permettant à quiconque de repérer au premier coup d'œil à qui il avait affaire. Observez aujourd'hui une foule dans le métro ! Bien malin qui pourra dire qui est qui, quels sont sa vie et sa situation professionnelle, voire son sexe…, à part quelques exceptions notables qui cherchent encore à entrer dans une catégorie particulière.

Attention ! Il ne s'agit pas ici de nostalgie : c'est très différent, c'est tout. Et les changements ont été très rapides.

Et face à l'incertitude, les conseils s'épanouissent comme fleurs au printemps.

De la psychologie du positif et de la bienveillance à la méditation et au yoga, dès le plus jeune âge pour permettre à chacun d'être au plus près de lui-même, de sa « vérité », avec le moins de contraintes possible pour ne pas gâcher un épanouissement personnel qui représente l'idéal éducatif. Mais comme il convient de ne pas perdre de temps afin de garantir les conditions d'un succès à venir dans la vie scolaire puis professionnelle, les stimulations proposées se multiplient depuis le plus jeune âge. Un enfant en avance ou précoce représente un avantage narcissique indéniable pour les parents d'aujourd'hui. Et les technologies disponibles sont accessibles dès la première enfance dans ce but. Même si les écrans et leur fameuse lumière bleue sont bien connus pour perturber l'endormissement et donc la concentration pendant la journée, ils se multiplient au domicile familial. À chacun le sien. Ou plutôt, à chacun les siens.

Entre recherche de sérénité et recherche de stimulations : la tâche est complexe !

En attendant le mode d'emploi suivant ? Tandis que s'ouvre une ère sans, avec la décroissance comme objectif, et un retour à la nature d'avant l'exclusion du paradis terrestre.

Disons-le clairement : nous nous situons loin de toute nostalgie d'un temps passé réputé meilleur par certains qui cultivent les regrets, et préférons souligner la particularité intrigante et intéressante d'une époque intermédiaire, marquée par tant d'incertitudes et de troubles, comme celui que nous connaissons tous au temps de la puberté. Tel l'adolescent, nous cherchons les clés d'un monde à venir aux contours mystérieux, dont chacun pressent bien qu'il sera très différent, et ce à un rythme inédit. Nous serions donc dans l'âge adolescent du rapport à l'autorité ? Et quel sera ce rapport dans quelque temps ?

Les relations petit enfant-parents nous en offrent une représentation possible. Nous verrons cela plus loin.

Et l'autorité ?

Édouard est un adolescent turbulent. Renvoyé de son école puis de son lycée pour indiscipline, forte tête avec les professeurs. Hier encore, il a dit à l'un d'entre eux qui lui demandait de se taire durant un cours de sciences : « Vous n'avez pas à me donner des ordres. »

Sur les conseils du proviseur qui a reçu ses parents, rendez-vous est pris chez le psy. Les parents s'y rendent seuls, Édouard ayant décliné la proposition. « Si vous avez du temps et de l'argent à perdre ! » leur a-t-il répondu.

« On aimerait que vous le voyiez [sous-entendu que vous nous le remettiez dans le droit chemin], demandent-ils au psy.

— Allez-y, racontez-moi, vous ses parents, l'histoire de sa vie. À qui trouvez-vous qu'il ressemble, Édouard ?… »

Deux séances plus tard, Édouard n'a toujours pas participé aux consultations.

— Voilà, je crois qu'on vous a décidément tout dit, c'est maintenant à vous de nous dire ce qu'il faut faire ! Vous voulez qu'on vous l'amène quand ? questionne le père.

— Ah, mais je ne veux pas le voir. À travers ce que j'entends, il est parfait, votre Édouard. Juste, monsieur, il va falloir vous y mettre ! Écouter, partager, faire avec, prendre en compte, discuter, encadrer… Bref, faire acte d'autorité et pour commencer par… la présence, sans que ce soit seulement pour remettre de l'ordre lorsque le lait déborde sur le feu. »

Édouard attend désormais son père !

Chez un autre psy, Sophie et Marc sont venus avec Killian, 5 ans, avec lequel ils déclarent avoir un vrai problème d'autorité. Il n'obéit jamais, n'en fait qu'à sa tête. Ni les menaces ni les promesses de récompenses ne fonctionnent. Rien n'y fait !

Pendant qu'ils racontent leur affaire, Killian disperse tous les objets qui peuvent lui tomber sous la main dans le bureau de consultation. Les jouets, les poupées, les feutres… Tout valse au gré de ses impulsions. Il lui est proposé de revenir et d'être reçu seul pour faire mieux connaissance.

Tout au long de la consultation, les parents ne disent pas un mot à leur fils sur ses agissements. Ils s'apprêtent à partir sans demander à Killian de ranger. Lequel est déjà sorti de la pièce sans un regard sur le chantier qu'il laisse derrière lui.

Ailleurs, sur un rond-point :

« Alors, Jacques, vous attendez quoi des politiques ?

— Rien, qu'ils s'en aillent ! Y répondent pas à nos demandes, on lâchera pas.

— Mais quand même, le gouvernement a mis 17 milliards sur la table…

— Ouais mais tout ça, c'est du vent, c'est pour nous enfumer… »

Durant la manifestation traditionnelle du 1er mai 2019, à Paris :

Le « chef » de la CGT doit être « exfiltré » sous la menace de Gilets jaunes : encore une image d'autorité qui en prend un bon coup. Même ce jour-là ! Les traditions ne sont plus respectées… Comme certains l'ont suggéré, le projet implicite de se passer des syndicats au principe qu'ils ne sont pas représentatifs est suicidaire. C'est tout le contraire qu'il faudrait faire. Les renforcer pour qu'ils puissent canaliser les mouvements de colère dans une issue réaliste et non dans une régression infantile. Lorsque les manifestations sont encadrées par le service d'ordre de la CGT, elles ne sont pas infiltrées par les black blocs.

On le voit bien : à la maison, dans l'entreprise, dans la cité, les modèles de l'exercice de l'autorité volent en éclats en faveur de fantasmes de meutes sans chef, d'une autogestion libertaire, d'une éradication systématique des codes ancestraux. S'affranchir de tout leader, de tout guide ou inspirateur de projets semble un mot d'ordre au goût du jour.

« Sa majesté des mouches » à grande échelle.

Et dans le même temps, mais ce n'est pas un paradoxe de plus qui gênera, les stages commando prolifèrent pour les cadres, et l'apprentissage de l'importance de règles précises et d'ordres précis… La discipline ! Les stages pour être un leader, mobiliser avec des outils miracles. L'activisme. Tout le temps branché, jour et nuit ; performant. Et simultanément, les aspirations aux loisirs et à la vie personnelle.

« Travaille, c'est important pour ton avenir ! » disent les parents à leur enfant qui, au lieu de se pencher sur les leçons qu'il doit apprendre pour le lendemain, joue avec un jeu vidéo fraîchement emprunté à un camarade. Et quelques minutes plus tard : « Quelle journée encore. Vivement le week-end ! » Avant de conclure : « J'en peux plus d'être obligé sans cesse d'intervenir pour qu'il travaille. » Comprenne qui pourra. L'enfant entend, lui, que les loisirs sont plus attractifs que le travail, point de vue auquel il adhère volontiers, s'inquiétant encore très peu – et c'est tant mieux – de ce qui adviendra dix ou vingt ans plus tard.

S'ajoute à ces contradictions l'idéal éducatif de l'évitement des conflits. Ils sont évités chaque fois que possible. Ne pas parvenir à s'entendre, sur tous les sujets, est une idée inacceptable. Entre gens raisonnables… Et puis, ce serait considéré comme un échec de l'adulte que d'imposer son point de vue à l'enfant. Une violence qui serait exercée à son endroit. Les paroles du type : « C'est comme ça ! » seraient à bannir du dictionnaire des parents, comme de celui des dirigeants. La concertation est incontournable. Alors ? Comment faire passer son point de vue en évitant son imposition ?

L'opinion selon laquelle l'idéal à poursuivre serait d'obtenir un consensus est aujourd'hui considérée, sur les plans éducatif et politique, comme correcte. On pourrait croire que c'est là une boucle qui recrée du collectif : pas du tout ! Le consensus ne revient pas à tomber d'accord sur une solution collective prenant sens pour chacun, il consiste à juxtaposer des solutions particulières cheminant en parallèle de manière que chacun au sein de son groupe puisse finalement faire ce qu'il souhaite. En évitant le conflit.

Et bien entendu, on retrouve aussi, toujours en action, tapi, prêt à bondir, le fonds animal, archaïque, le muscle, l'âge, le diplôme, le pouvoir.

Nous sommes en plein milieu d'un gué : on s'accroche à des branches vermoulues mais la suite ne se dessine pas. Il faudra donc inventer ? Oui, mais quoi ? Nous verrons cela en fin d'ouvrage.

Alors, en attendant, chacun adopte à sa manière une attitude lui paraissant susceptible de soutenir une autorité dont il ne discerne plus bien les moyens de l'exercer. Certains optent pour un autoritarisme vite contesté et renvoyé aux oubliettes de l'histoire, quand d'autres baissent les bras et prennent la fuite. Il est des chefs qui adoptent le discours politiquement correct de la participation et de l'implication apparente de chacun dans les orientations et les décisions à prendre. Il est des familles dans lesquelles les décisions qui engagent l'ensemble de leurs membres font l'objet de débats à table dans la recherche d'un accord. Tous semblent ignorer que ceux qui les regardent différencient la forme et le fond. Et que ce qu'ils voient là n'a que peu de rapport avec ce qui est pensé réellement par chacun. Car dans ce domaine, le faux tue plus sûrement que les positions contestables soutenues avec authenticité. La fausse bonhomie, comme le tutoiement en veux-tu en voilà, les séminaires de cohésion ineptes ne dupent que ceux qui le veulent bien. On est là dans « la comédie (in) humaine[1] ». Le déguisement de l'autorité ne trompe personne. Car elle ne peut que venir de l'intérieur.

1. Julia de Funès, Nicolas Bouzou, *La Comédie (in)humaine*, Paris, Éditions de l'Observatoire, 2018.

Et autorité a la même racine qu'auteur : celui qui est légitime à dire.

Le chef s'appuie-t-il sur ses seuls désirs ou fait-il référence à la loi, aux règles du jeu préalablement établies, en en étant le garant ? A-t-on établi à l'avance avec l'enfant les conséquences d'une désobéissance ou du non-respect d'une consigne que le parent pourra reprendre le cas échéant ? Le chef serait la loi, une instance tierce ? Dans un système démocratique, le chef représenterait les individus qui l'élisent ? Loin d'une autorité décrétée une fois pour toutes en fonction d'une place singulière. D'où les contresens habituels sur la motivation qui en découlent : on ne motive jamais personne. La motivation est endogène à l'individu. Tout au plus peut-on la stimuler par son exemple, la mettre en mouvement en lui donnant du sens, comme les parents l'observent chaque jour.

Et pendant ce temps, du côté des discours des supposés sachants, les consignes et les conseils continuent de rater leur cible, quoi qu'ils disent, du seul fait qu'ils sont étrangers aux situations qu'ils évoquent.

Notre sujet dans sa complexité actuelle échappe en grande partie aux approches académiques. L'autorité du discours universitaire peine à faire surface de manière repérable et surtout applicable dans la vie quotidienne.

Il faudrait utiliser d'autres manières d'approcher les réalités du monde, sur des bases subjectives prenant en compte leur complexité, et avec la modestie qui convient.

Comme Claude Lévi-Strauss face aux « sauvages » avant les écrits qu'il a pu produire secondairement à leur sujet et qui en ont établi la grammaire.

Il va falloir chercher ce qui fait autorité ailleurs que dans les discours universitaires et les savoirs institués. Mais où ? Et comment ?

Une belle cacophonie

Dans les années 1960, décidément riches en tentatives de ruptures, certains musiciens de jazz brûlent leurs vaisseaux. Le structuré, le mélodique, l'harmonique, le rythme régulier disparaissent au profit d'une exploration libertaire nouvelle, ébouriffante, clivante, à forte consonance politique : le *free jazz*.

Et tant pis si, en apparence, les racines populaires disparaissent. Tant pis si l'identification de l'écoutant à la musique est déroutée.

Du point de vue du public, dont l'avis n'a pas trop été demandé, certains se lancent à corps perdu dans l'aventure (mais ceux-là sont plutôt rares), quand d'autres se réfugient soit dans un passé nécessairement figé, le *New Orleans*, le be-bop, soit dans le rock ou la pop.

Bref, on s'investit dans un sous-genre résultant du Big Bang.

Notre société marche un peu de cette façon. L'explosion des codes de l'autorité va fabriquer de plus en plus de bandes, de sous-groupes, et non un ensemble. Et attention, encore une fois, il n'est pas ici question de le regretter – « c'était mieux avant ! » –, mais de le reconnaître afin de mieux comprendre le monde dans lequel nous vivons. Le temps des tribus[1] serait-il

1. Michel Maffesoli, *Le Temps des tribus. Le déclin de l'individualisme dans les sociétés postmodernes*, Paris, La Table ronde, 1988, nouvelle édition 2019.

de retour ? À chacun sa définition de l'autorité, et à chacun son autorité. Quel changement ! Le pluriel – autorités – remplace le singulier – autorité –, tandis que la recherche de la singularité des destinées renvoie au passé l'idée de destins collectifs. Ce n'est pas le moindre des paradoxes.

Et les chefs de famille, d'entreprise ou d'État battent la mesure d'un morceau que chaque musicien souhaite jouer à sa manière, avec une faible adhésion à l'héritage – au reste peu connu compte tenu des modes de vie –, avec une faible curiosité anticipatrice de l'avenir – on verra bien ! –, et avec un insatiable désir d'immédiat. À chacun ses règles et à chacun ses modes de décision qui feraient partie de ses particularités personnelles, et seraient revendiquées comme telles, comme une marque identitaire. Une quête adolescente en quelque sorte, mais qui gagne les « vieux ». Et qui n'est pas vraiment contredite par le développement d'une inculture générale, résultat d'un fonctionnement préférentiel dans le présent.

« Vous habitez rue Michel-Ange ? demande le vendeur pour établir une facture. Ça s'écrit comment, Michel-Ange ? poursuit-il : Michaël Ange ? »… Et passons sous silence les grossières fautes d'orthographe émaillant les mails, y compris ceux des chefs.

« C'est pas toi qui vas me commander », « Mais pour qui il se prend », s'entendent désormais autant à la maison que dans la rue.

Vous avez décidé d'aller pendant quinze jours en Toscane pour les vacances. Florence, Pise, Sienne, quelques-uns des berceaux de la culture mondiale. Mais hors de question de ne pas passer ce choix au filtre de la démocratie familiale qui considère que chaque voix compte, indépendamment du statut et de la place de chacun. Il y a fort à parier que cette affaire donnera lieu à un remue-ménage conséquent, au mieux. Et qui sait dans quel club d'aqua-poney vous aboutirez à l'issue de ce « grand débat ».

« Il faut rétablir l'ISF », « taxer encore plus les riches », « instaurer le RIC », « pouvoir virer nos élus et nos patrons quand ils ne nous plaisent pas », « refuser l'immigration », « augmenter les salaires », « baisser les charges », « baisser les impôts », « augmenter les impôts pour les autres », « renforcer les services publics », « supprimer le 80 km/h », « autoriser le cumul des mandats », etc.

Il faut, car je le veux !

Un certain samedi, il n'y a pas si longtemps, dans Paris, ont défilé au même moment : des Gilets jaunes, des retraités, des gardiens de prison, des écolos… En modèle réduit, la famille reflète cet éclatement des positions individuelles au détriment des choix collectifs : nous avons affaire à la juxtaposition d'intérêts catégoriels souvent bruyants et parfois justifiés par ailleurs, mais sommes bien en peine d'en dégager des axes partageables. Et si le chef s'en mêle, une union se crée autour du rejet de ses positions ! L'intervention du chef serait le seul moyen de faire communauté. Pour s'y opposer.

La pluralité, la multiplicité des revendications, à grande échelle, deviennent un épouvantable casse-tête. Dans un petit groupe, on arrive encore à trouver des voies à peu près consensuelles à l'issue des tensions, parce que l'humain, l'affectif, l'émotionnel, l'organique affleurent. Encore que ce ne soit pas toujours gagné. La cacophonie des professeurs de médecine sur les plateaux télé (qui savait qu'il y en avait autant ?) en est un ahurissant exemple.

D'où la difficulté d'obtenir un pacte social : on veut tout, tout de suite, et le désir individuel passe avant le collectif. Être en place de chef n'est plus une sinécure ou une aspiration garantissant que ses projets puissent se réaliser. Et pourtant, il semble que les aspirants à ces fonctions soient toujours en nombre. À condition de ne plus les nommer « chefs » ?

Et bonne chance à ceux qui, aujourd'hui, cherchent à créer ce pacte au niveau des grandes entreprises comme de la nation, dans les pays modernes. Il est désormais très difficile de gérer un vaste ensemble à partir de son plus petit commun dénominateur, même temporairement et sur un sujet limité. L'individualisme se heurte au besoin de faire groupe, en famille comme dans la nation ou l'entreprise. Comment concilier ces aspirations contradictoires ?

CHAPITRE 2

Le monde s'emballe

« Tout fout le camp »...

Il y a trente ans, trente petites années au regard du temps cosmique, la révolution numérique se mettait en marche et ouvrait des possibilités de changement sans précédent, inégalées dans l'histoire. L'accélération des mutations est venue remettre en cause les acquis technologiques considérés comme familiers, l'automobile à essence ou la télévision, mais aussi les pratiques usuelles comme aller faire ses achats en magasin. Elle affecte tout autant l'organisation du monde que les manières connues d'exercer l'autorité.

Rappelons que, auparavant, l'appropriation du changement était progressive. Chaque génération transmettait à la suivante les progrès qu'elle avait accomplis, lui permettant de les intégrer et de les faire siens. Les savoirs passaient des plus anciens aux plus jeunes. Quant aux usages sociaux et familiaux, ils représentaient le socle, remarquablement stable pour chaque société, sur lequel se déployaient les nouveautés.

Grâce à Gutenberg, nos ancêtres découvrent l'imprimerie, formidable rupture dans les manières de diffuser des idées. Grâce à Galilée, on commence à concevoir que la Terre est ronde et tourne. Leurs lointains descendants voient arriver le train. « Le train, ça ne marchera jamais, et d'ailleurs, au-delà de 50 km/h, le corps humain risque de se disloquer », entend-on alors.

Toutes ces ruptures, ces nouveaux paradigmes ont bien sûr créé de vrais bouleversements dans le monde, comme ils ont suscité doutes et inquiétudes. Mais ils ont été intégrés sur plusieurs générations et le rapport naturel au temps, si cela existe, n'en a pas été complètement chamboulé.

À présent, c'est différent. Maîtres et autres experts ne sont plus ceux auxquels il est fait appel lorsqu'une question se pose. C'est tout de suite et par interrogation des pairs *via* Internet et les réseaux sociaux que l'on procède. Car les innovations technologiques débarquent en rafale, l'une chassant l'autre en quelques années au plus. Ceux qui ont connu le télex (vous avez dit quoi ?) ont vu arriver le fax puis le mail… en quinze ans ! Qui se souvient encore du Minitel ? Des pans entiers de l'organisation des entreprises ont disparu du jour au lendemain. À la maison, on s'est fébrilement équipé de lecteurs de cassettes audio, puis vidéo, puis les cassettes ont été remplacées par des CD et des DVD, puis par… rien, car musiques et films sont désormais accessibles auprès de services inexistants il y a encore dix ans. Une émission qui intéresse est visionnée en *replay* ; les *podcasts* séduisent et YouTube permet un accès à quantité de productions. En moyenne, chaque famille dispose de plus de six écrans à son domicile. Le temps du visionnage familial de l'unique télévision en noir et blanc et les disputes au sujet du téléphone relié par câble à une prise unique sont bien révolus. Ailleurs, on entendra :

« Ah non, madame, vous ne pouvez plus remplir votre déclaration d'impôts sur un document papier, il faudra faire une déclaration électronique.

— Mais comment cela ?

— Ben, avec votre ordinateur !

— Mais j'en ai pas, d'ordinateur, et mes petits-enfants ont essayé un jour de me montrer comment ça marche, résultat, c'est Guillaume qui a emporté celui qu'on me destinait.

— Alors, madame, vous avez qu'à demander à Guillaume de vous aider.

— Oh, lui, vous savez, il est fort en jeux vidéo. Mais pour le reste, il patauge comme tout le monde ! »

La digitalisation ouvre des vortex d'accélération sans aucun précédent.

Or, pour l'instant, il existe peu de réflexions novatrices sur le moyen de changer, d'adapter l'exercice de l'autorité à cette époque inédite. C'est un sujet, il faut croire, quasi tabou. De quoi Jupiter doit-il être fait ? C'est celui qui répartit les rôles des dieux mais n'intervient pas directement. Et il a besoin d'une femme, Junon, déesse des matrones, pour exercer son pouvoir. L'élément féminin est déterminant pour exercer le pouvoir. La souveraineté parfaite dépend de la qualité des relations de Junon avec les dieux. On parle de pédagogie, d'écoute. On en oublierait presque le besoin de réassurance par une décision extérieure, quitte à la contester.

Plongez une grenouille dans l'eau froide et faites chauffer l'eau doucement : la grenouille mourra engourdie. Plongez-la dans de l'eau bouillante, elle fera un bond pour échapper à la casserole. L'accélération provoque des craintes qui se transforment en refus et en ruptures.

Ça n'est pas le changement qui est inquiétant, mais sa rapidité qui laisse un nombre croissant de nos contemporains au bord de la route. Et le fossé se creuse entre ceux qui peuvent s'en saisir et en profitent, et ceux qui ne peuvent suivre.

Le présent d'abord, l'ère du « tout, tout de suite »

Notre rapport au temps a considérablement changé depuis l'entrée dans l'ère industrielle. La révolution numérique a amplifié cette tendance d'une telle façon que la synchronie entre les rythmes physiologiques, ceux des saisons et ceux de nos existences, n'existe plus. Pendant des siècles, les humains adaptaient leur vie quotidienne aux périodes successives de l'année et aux contraintes que ces dernières imposaient au labeur. Des fêtes et autres événements collectifs marquaient le passage d'un temps à un autre. Les mets consommés dépendaient des périodes de maturation dans l'année. Passer d'un âge à un autre s'accompagnait de rituels partagés.

Face à l'accélération que nous sommes en train de connaître, l'accrochage au présent – tant bien que mal – apparaît comme celui qui se ferait à une bouée de sauvetage dans le sauve-qui-peut et l'emballement qui caractérisent nos sociétés occidentales.

Les capacités d'anticipation dont nous disposons ont fondu comme les glaces de la banquise, et ni les « savants » ni les politiques n'offrent les réponses susceptibles de rassurer de façon fiable nos contemporains. Les projets et programmes politiques s'intéressent au temps du mandat électif. La plupart des activités professionnelles que connaîtront nos descendants sont aujourd'hui inimaginables. Et l'école continue de préparer aux cursus d'hier. Reste le présent, refuge pour tous ceux que l'avenir inquiète, seule scène observable, avec toutes les représentations inquiétantes qui s'y projettent, amplifiées par des médias sans cesse en quête d'audience. Alors, le mot d'ordre est le suivant : il faut apporter des solutions. Apaisantes si possible, à effet immédiat, sauf si leur visée est d'inquiéter pour mieux vendre des remèdes miracles... Bienvenue aux marchands d'illusion, aux gourous et aux vendeurs de drames. Et plus les certitudes s'envolent, plus l'aspiration à des réponses rassurantes à court terme augmente. Quelle qu'en soit la valeur.

Ouvrons les yeux et les oreilles sur quelques situations actuelles de la vie quotidienne.

Allons sur un plateau télé : « Nous avons la chance d'avoir aujourd'hui sur notre plateau le professeur Dutilleul, grand expert des phénomènes climatiques. Professeur, pouvez-vous nous dire en quelques mots, car malheureusement le temps est compté, ce qu'il convient de faire pour préserver la planète d'un réchauffement inévitable ? »

Ou encore : « Alors, docteur, vous qui êtes spécialiste des adolescents, comment comprendre l'augmentation des actes délinquants et violents chez ces derniers ? Comment faire pour les traiter ? Très rapidement, s'il vous plaît ! »

Et si ces intervenants ont la détestable idée de souligner que la complexité du sujet proposé s'accommode mal d'une réponse lapidaire, alors les journalistes se tournent rapidement vers un autre intervenant dans l'espoir d'obtenir la déclaration censée régler le problème en une phrase… ou étouffer la question.

Nous sommes entrés dans une époque où les questions dérangent. Seules comptent les réponses, courtes de préférence. « Le monde est déjà bien assez compliqué comme cela, vous n'allez pas nous en rajouter encore une couche ! »

Ailleurs, dans un bar : « Je voudrais un *shot* de vodka », demande ce jeune cadre au barman, avec l'espoir d'obtenir dans l'immédiat un apaisement des tensions accumulées durant la journée. Vite et intense, tel est l'objectif que poursuivent aussi ces adolescents à la recherche d'ivresses et de sensations fortes. Le *binge drinking* en témoigne. Qui n'a pas connu l'ivresse en quelques minutes n'a pas sa place parmi ses pairs[1].

Ou encore, cet enfant avec sa mère dans un centre commercial : « Oh, un robot. Je le veux.

— On verra ça pour Noël, mon chéri, si ton comportement et tes résultats changent un peu ! Car tu nous donnes du fil à retordre ces temps-ci, sais-tu ? répond la mère.

— Non, tout de suite. Je te déteste, je croyais que tu m'aimais, alors pourquoi tu veux pas m'acheter un robot ? »

Nous sommes passés dans l'ère du tout, tout de suite. Un rapport au temps adolescent. Une ivresse fulgurante, l'excitation face aux écrans, la satisfaction immédiate d'un désir réduisent la grammaire des conjugaisons au temps présent. Le futur, c'est ce soir ou demain, au plus tard. Quant au passé, il ne présenterait aucun intérêt pour éclairer les enjeux du jour. Le monde a tellement changé. Les témoignages des anciens sont considérés au mieux comme exotiques. Les transmissions

1. Patrice Huerre, François Marty (dir.), *Alcool et adolescence. Jeunes en quête d'ivresses*, Paris, Albin Michel, 2007.

d'expérience sont jugées sans intérêt du fait que l'on aurait affaire à une situation fondamentalement différente, totalement inédite. Seuls les *digital natives* peuvent apporter une contribution utile et instantanée par le biais des réseaux sociaux et des *chats*. L'un des réseaux sociaux les plus prisés actuellement par cette génération ne s'appelle-t-il pas Instagram ? Ça émerge, diffuse et disparaît.

L'impatience est la règle. Les start-up sont érigées en modèles, Steve Jobs en héros des temps modernes.

Dans ce contexte, il n'est pas étonnant que de plus en plus d'enfants soient catalogués « hyperactifs ». Et que les comportements impulsifs gagnent du terrain chez les adolescents comme chez les jeunes adultes, à la recherche d'une réponse sans délai aux aspirations du moment, écartant du même coup tout risque de frustration face à une limitation extérieure. Car c'est en effet le mode de fonctionnement habituel des adolescents, pour lesquels l'avenir c'est ce soir ou le week-end suivant. Alors prendre conscience des conséquences lointaines d'un décrochage scolaire sur sa vie d'adulte, ce sera pour plus tard.

Il faut « kiffer », il faut de l'adrénaline. Le plaisir des risques en négligeant les dangers. Mais qui n'a pas connu cette appréciation des priorités ? Des sensations fortes à court terme pour soutenir un sentiment d'existence : s'exciter pour exister.

Et le système dans son entier se courbe pour répondre à cette attente d'adultes mis en situation régressive d'adolescents.

Vous voulez des infos ? L'idée de faire appel à la presse écrite, ou à celle qui prend du recul pour les analyser avec un regard critique, est tout à fait désuète. Vous avez en direct les flashs utiles sur vos smartphones ou dans les journaux distribués gratuitement dans les transports en commun. BFM,

CNews, France Info ou LCI, ou… feront très bien l'affaire. Seuls les seniors regarderont bientôt les programmes longs, en direct, liront des journaux et des revues comme *Books* qui a eu, fin 2020, le culot de titrer son numéro 100 sur l'esprit critique qui serait à réhabiliter, avant de s'effacer ! Et la mondialisation fait le reste. Le moindre accident et le plus petit conflit, où que ce soit dans le monde, sont connus de tous instantanément.

Et si l'idée vous prend d'aller voir un film sorti il y a quinze jours sur les écrans dont vos amis ou la rumeur publique vous ont dit le plus grand bien, dépêchez-vous ! Ah, dommage, il n'est plus à l'affiche. Car son sort se décide le premier mercredi après-midi de sortie. Sa durée de survie est tout à fait prévisible dès ce moment. Bien sûr, vous aurez toujours la possibilité de le visionner plus tard en *replay*, en le louant ou l'achetant pour en profiter sur vos écrans personnels. Mais les sirènes promotionnelles vous auront déjà attiré vers d'autres offres.

Continuons : un café vous ferait du bien ? Catastrophe : la machine ne marche plus. Curieuse idée que de vouloir la faire réparer ? Vous n'y êtes pas du tout : on ne répare plus, on change. Aussitôt dit, aussitôt fait : la commande est partie *via* Amazon ou autre site promettant une livraison dès aujourd'hui (« Commandez sur Internet avant 10 heures, vous serez livré dans l'après-midi ») ou demain au plus tard. Ça s'appelle l'obsolescence programmée. Il serait temps de vous adapter !

Tous les modèles de consommation renvoient désormais à l'accessibilité immédiate. Même si ça n'est pas toujours vrai, la promesse, en tout cas, renvoie bien à l'instantanéité.

Allez dans un hypermarché : tous les clients ont l'air de trouver parfaitement normales l'abondance, la diversité, l'augmentation de la qualité. Quelle que soit la saison, vous trouverez les produits que vous souhaitez à disposition… Quelle idée d'attendre l'été pour consommer des cerises comme le dénonçait un célèbre Premier ministre[1].

Bien entendu, on n'imagine plus une seconde un projet familial, un programme politique ou une stratégie d'entreprise qui chercheraient à tempérer ce besoin d'immédiateté. Mais l'impact de ces changements est lourd sur les relations d'autorité. Comment faire entendre aujourd'hui qu'une décision est bonne pour demain, alors qu'on n'en voit que ses inconvénients à court terme ? Le temps du politique est très court, et le temps des changements profonds très long, quels que soient les artifices qui viseraient à les confondre. Comment faire comprendre à l'adolescent que ce qu'il apprend aujourd'hui prépare ses compétences de demain ? Le temps des parents n'est pas celui de l'enfant, même si de plus en plus de parents fonctionnent sur le même modèle.

Et peu est fait pour éduquer les enfants dès le plus jeune âge à l'importance de la mise en perspective, du recul, de « l'hélicoptère », de la distanciation et de la culture comme aides à la compréhension du présent et à la préparation de l'avenir. Ces vertus ne sont pas réellement mises en avant. On leur parle encore très peu d'esprit critique, au profit des spécialisations, de l'adéquation au marché de l'emploi. Ce qui compte est de s'ajuster le mieux possible au présent. Et tant pis si dès demain ce sera obsolète. Il faut que les choix soient utiles, mais à court terme.

---

1. Alain Juppé, *Je ne mangerai plus de cerises l'hiver*, Paris, Plon, 2009.

Tout sur le même plan

Et ce plan ressemble à celui d'un écran plat.

Celui qui capte l'attention des adultes à la recherche d'informations, comme ceux qui captivent les enfants et les adolescents d'aujourd'hui. Dans leur chambre, au sol ou vautrés sur leur lit, ils sont penchés avec autant d'attention sur celui de leur smartphone, qui leur permet d'envoyer en moyenne 84 SMS par jour, que sur celui de leurs tablettes et de leurs écrans d'ordinateur grâce auxquels ils sont en relation avec leurs camarades *via* les réseaux sociaux ou les jeux vidéo en réseau[1]. Le message d'un ami a autant, si ce n'est plus, d'importance que les données cherchées sur Internet pour répondre à la question posée par l'enseignant. Inutile de dire que les demandes formulées par les parents courent le grand risque de n'être guère perçues parmi la masse de données traitées par leur descendance multitâche. Réussir la conquête d'une place forte dans le jeu avec ses « amis » du monde entier est quand même un objectif prioritaire par rapport au devoir à terminer ou à l'appel pour dîner. Il est impensable et quasi criminel de lâcher *Fortnite* ou *World of Warcraft* pour passer à table ou se coucher. C'est une question qui ne se pose pas. Que de malentendus en résultent, et combien de crises suivent. Et quel drame si la connexion tombe en panne, même quelques heures.

De même, les recherches sur Internet d'informations susceptibles de contribuer à l'avancée du devoir scolaire vont s'aventurer sur des sites multiples, entre lesquels il sera bien

1. Patrice Huerre (dir.), *Faut-il avoir peur des écrans ?*, Paris, Doin, 2013.

difficile de choisir, faute de pouvoir identifier où se trouvent ceux qui font autorité. Et l'esprit critique n'est pas la qualité qui caractérise le mieux notre époque, accaparée par le présent et fascinée par l'immédiateté des réponses, quitte à gober bon nombre de *fake news*. C'est sans doute là que devrait se situer l'une des orientations prioritaires dans l'éducation des enfants et des adolescents : l'éducation aux médias ; leur apprendre à mieux déceler les informations qui ne sont pas fiables en ne prêtant pas aux écrans plus de vertus qu'ils n'en ont. Le classique « Vu à la télé », donc vrai, a encore de beaux jours devant lui, en s'élargissant aux messages innombrables qui s'affichent désormais sur les écrans des tablettes et autres smartphones.

Dans la pièce d'à côté, là où se tiennent les parents, observons le sommaire d'un journal télévisé aujourd'hui : le fait divers anecdotique est mis au même rang qu'un drame humanitaire, qu'une guerre ravageuse ou que des changements politiques majeurs. Le temps qui lui est consacré est équivalent, voire supérieur, et rien ne permet aux téléspectateurs naïfs de différencier l'important de l'accessoire.

L'information mise au premier plan par les médias ce soir laisse vite la place demain à une autre, dans un registre très différent. Il ne faut pas lasser l'auditoire, il faut lui donner de la nouveauté, et de la chair fraîche, quotidiennement.

S'ajoute à cela le développement de l'information en continu qui bouleverse le sens des priorités. La guerre au Soudan ou en Éthiopie se retrouve coincée entre le procès d'un médecin indélicat ayant implanté des prothèses mammaires interdites ou d'un scandale sexo-politique et une découverte scientifique majeure, avec le même temps d'antenne.

L'importance relative de chaque sujet est écrasée, aplatie et réduite à un temps uniforme. Tout au plus les sujets « réputés » vendeurs seront-ils répétés *ad satietam* toute la journée et toute la nuit. De sorte qu'une voiture en feu brûlera vingt fois dans la soirée. Ce sera la même mais la charge anxiogène du phénomène sera grandement exagérée.

Du coup, qu'est-ce qui fait autorité ? Et qui fait autorité ? À qui et à quoi se fier ? À qui se référer ? Qui prend le recul, le temps de l'analyse ? Quelques journalistes, sans doute.

Et les « intellectuels » ? Pour eux, comme pour chacun, tout va tellement vite qu'ils n'ont pas le temps de s'insérer dans ce flot avec une parole audible. Ce n'est pas une raison pour qu'ils se taisent mais la hiérarchisation de l'importance des choses se porterait mieux s'ils les mettaient en perspective plutôt que de laisser un sujet chasser l'autre. C'est d'autant plus dommage que nous avons une impressionnante collection d'intellectuels de très haut niveau. À leur décharge, notons combien la place est étroite pour leurs interventions dans l'univers médiatique et que ceux qui commandent le flux des informations cherchent avant tout à conquérir au plus vite le plus grand nombre. Être à la tête d'une armée soumise plus que d'un public exigeant, au sens critique aiguisé.

Ça réagit

La rançon d'un commandement démagogique, dans l'évitement du conflit et servant une soupe facile à faire partager à court terme, est qu'au bout d'un certain temps le doute s'installe et la crédibilité s'émousse. Qu'il s'agisse du gouvernant, du chef d'entreprise ou des parents, quand les lendemains annoncés comme chantants ne le sont pas, la déconvenue est grande. Et les reproches fusent, autant du fait d'avoir été berné que de celui de ne pas l'avoir vu avant.

Mais comment faire preuve d'autorité après de longs temps d'évitement des questions et de glissement des limites ? À la maison comme ailleurs, il est alors bien difficile de l'exercer quand la recherche d'un consensus mou a été la règle prévalant jusqu'alors. Celui ou celle qui tient lieu de chef aura bien du mal à faire valoir son point de vue après avoir surfé sur une adhésion facile à des choix agréables à court terme. À l'inverse, des menaces brandies en cas de non-respect de consignes, et qui ne sont pas mises à exécution, invalident la parole de celui qui les énonce. Son autorité sera dès lors inexistante.

« Si tu recommences, tu seras privé de dessert pendant un an ! » dit le parent exaspéré à son enfant rebelle. Lequel n'aura de cesse de vérifier la réalité de la sanction en renforçant ses provocations, pour faire la preuve que ces propos radicaux n'ont pas plus de valeur qu'une parole en l'air. Comme le président Trump quand il menaçait les dirigeants nord-coréens ou iraniens de les rayer de la surface du globe… Promettre ce que l'on sait ne pas pouvoir tenir garantit la remise en question de l'autorité du prometteur. Rappelons que l'exploration de la fiabilité des engagements pris par une figure d'autorité fait partie des expériences nécessaires pour que l'enfant dès les premiers temps de vie, puis l'adolescent se construisent, afin de vérifier qu'en grandissant, la cohérence et l'intégrité sont bien au rendez-vous. À défaut, la déception et la déstabilisation gagnent du terrain et insécurisent.

En effet, en période de changements, le besoin s'accroît de pouvoir s'appuyer sur des repères stables, qui doivent l'être d'autant plus qu'ils sont rares. C'est le cas pour l'adolescent, par exemple, en période de transformations dues à la puberté. Ne se reconnaissant pas, en particulier lorsqu'il se regarde dans le miroir du fait des changements corporels rapides qu'il subit, il cherche une réassurance dans la constance de l'affection qui lui est portée, alors même qu'il met en scène des variations apparentes dans son attachement à ses parents. Il n'est pas étonnant de retrouver les mêmes mouvements chez les employés d'une entreprise en cours de mutations imprévisibles, mouvements qui cherchent à vérifier que le chef tient bien la barre alors que le bateau gîte et menace de couler.

Le même scénario se manifeste à l'échelle d'une nation quand les capacités d'anticipation dont elle disposait jusqu'alors s'estompent dans le flou d'une mondialisation vécue comme menaçante.

Chaque fois, la position du chef est remise en question avec « en même temps » la recherche de sa destitution et l'espoir qu'il tiendra bon, ou encore la demande d'un retour au chef d'antan, chef tout-puissant et guide suprême, et l'idée que sans les chefs tout irait mieux.

C'est dire que la peur commande bon nombre des manifestations pour ou contre l'autorité dans un monde plein de nouveautés inédites dans l'histoire humaine. La peur mobilise des mécanismes de défense qui vont emprunter leurs modalités à la collection de ceux qui ont pu être mis en œuvre dès la petite enfance.

On y trouvera aussi bien le repli stratégique, la fuite, l'agressivité et le passage à l'acte que la panique ou l'angoisse, qui conduisent rarement l'humain dans la voie la plus noble et la plus constructive. Chacun, comme chaque groupe, puise dans ses ressources régressives ce qu'il imagine être une solution.

Pour les uns ce sera l'appel à un « sauveur » promettant à ses troupes le salut si l'on suit ses consignes ; pour d'autres ce sera la soumission à un ordre établi, espérant ainsi redonner le pouvoir à chacun sans qu'aucun ne le prenne sur les autres. Autant de manières de voir individuelles, aucune ne s'appuyant sur un point de vue partagé.

Alors, pour les chefs, la vie n'est pas simple ! L'accélération des changements des modes de vie provoque des réactions de renoncement et d'angoisse et les confronte à des phénomènes de blocage, de surdité et d'agressivité. Il faut bien trouver des responsables et il serait possible de soutenir qu'une des fonctions du chef est de jouer ce rôle et de pouvoir l'assumer.

C'est ainsi que l'accélération est indissociable de la globalisation. Or les élites dans les grandes (et moins grandes) entreprises sont vues comme complices, *a minima*, voire actrices. Elles seraient la cause des angoisses et non celles qui, en parlant des changements, cherchent à les opérer au mieux. C'est le porteur de nouvelles que l'on cherche à tuer, pensant effacer ainsi la nouvelle.

Avec un nouveau mot d'ordre adressé à chacun. Soyez responsables !

CHAPITRE 3

Soyez responsables !

Et autonomes !

Responsable, c'est un vœu, mais autonome, c'est une action. Et c'est donc mieux, nous dit-on.

Mais à condition de commencer très tôt. Dès les premiers temps de la vie si possible. Le bébé est invité à tenir seul son biberon dès que ses capacités motrices le permettent. Le petit enfant, sachant à peine marcher, se voit enjoint de subvenir seul à ses besoins essentiels. Ne parlons même pas de l'acquisition de la propreté, qui est le signe visible d'une maîtrise de soi espérée ouvrant la porte à d'autres progrès en termes d'autonomie. En attendant de se débrouiller seul pour lire, écrire et compter avec le comportement espéré d'un enfant responsable, avant l'entrée dans le cycle scolaire primaire bien entendu. Ce qui n'empêchera pas de le suivre quelque temps plus tard, par géolocalisation… On ne sait jamais, si l'envie lui venait de prendre le large. Autonome, mais dans une voie prétracée, sous contrôle. Car la peur d'un accident ou d'un autre drame saisit les parents dès lors que l'enfant prend au mot leur projet explicite de prendre en main son destin et d'assumer ses choix.

Jamais les parents n'ont autant appelé à la responsabilisation et à l'autonomisation de leurs enfants, tout en souhaitant le contraire, inversant les propos qui étaient ceux de leurs ascendants :

« Tu es assez grand maintenant pour… »

« Quand vas-tu prendre enfin tes responsabilités ? »

« Je ne serai pas toujours là pour te dire ce que tu dois faire ! »

Et cela arrive de plus en plus tôt dans la vie, mettant sur le dos des enfants et des adolescents qu'ils s'apprêtent à devenir une charge qu'ils ont parfois bien du mal à porter. Quelles que soient les dénégations de ces derniers qui, dans un premier temps, sont flattés de cette reconnaissance.

Et pour cause. Car « la famille patriarcale où l'autorité dominante d'un homme adulte s'exerce de façon stable sur l'ensemble du groupe familial est en crise dans tous les pays industrialisés[1] ».

En fait, tout se passe comme si l'adulte, faute de savoir faire preuve d'autorité, tentait de s'en débarrasser et de la transférer sur ceux-là mêmes qui la contestent.

Mais la manœuvre a de l'écho chez les plus jeunes et les injonctions à être autonome sont souvent prises au pied de la lettre, au grand dam de ceux qui les avaient prescrites.

C'est ainsi qu'on entend du côté des enfants : « Lâche-moi un peu » ; « Je suis assez grand pour… » ; « Je sais ce

1. Ronan Le Coadic, « L'autonomie, illusion ou projet de société ? », *Cahiers internationaux de sociologie*, 2006, 121, p. 317-340.

que j'ai à faire. » Phrases souvent lancées dans les moments d'exaspération lorsque les parents sont pris en flagrant délit de demandes paradoxales.

Dans le(s) monde(s) du travail, la situation est contrastée, c'est le moins qu'on puisse en dire. Mais elle est le reflet fidèle de ce qui se joue en famille.

Jamais les chefs n'ont autant invoqué la responsabilisation et l'autonomisation des cadres, ayant pour bon nombre d'entre eux « profité » d'un mode éducatif qui les y invitait tôt dans la vie.

Lors de la cérémonie des vœux de fin d'année, dans les séminaires d'encadrement, les symposiums et autres actions de « mobilisation », les discours sur la responsabilité et sur l'autonomie fleurissent.

« Notre développement passe par une responsabilisation accrue de tous nos collaborateurs ! » Le chef pouvant ajouter, en privé : « C'est vertueux pour eux-mêmes et le développement de leur carrière, pour l'entreprise, qui y puise des ressources créatives et ainsi génère des avantages concurrentiels, et pour nous, car notre réussite découle de celle de nos équipes ! » Les récipiendaires opinent du bonnet comme les chiens articulés à l'arrière des voitures, en habitués qu'ils sont de ce type de discours qu'ils ont si souvent entendus à la maison. Pas sûr que ces paroles lénifiantes entraînent une modification de comportement. Mais ils sont attendus par l'époque. Ils risquent cependant d'être d'autant moins entendus que jamais les chefs n'ont mis en œuvre autant de processus industriels et de procédures déresponsabilisantes.

Les non-cadres sont invités à respecter au plus près les consignes qui leur sont données, car des consultants très intelligents ont modélisé ce qu'il faut faire pour que ça marche.

Quant à l'autonomie (rappelons que selon Kant, l'autonomie est le choix qui ne repose que sur la volonté propre de l'homme), tout est pensé de sorte que l'individu ne vienne en aucune façon mettre un grain de sable dans l'engrenage préétabli.

Accessoirement, une vaste majorité de non-cadres n'est pas réellement demandeuse d'autonomie, donc de responsabilités.

C'est l'un des enseignements de la sociodynamique[1], qui aide à la compréhension du comportement des acteurs dans l'organisation. Comme les adolescents qui revendiquent une plus grande liberté et qui sont bien embarrassés lorsqu'elle leur est concédée.

Dans un autre domaine, celui du rapport à la santé, les patients arrivent de plus en plus fréquemment chez leur médecin bardés d'informations glanées sur Internet au sujet de leurs troubles.

Ils se vivent comme responsables et « acteurs » de leurs soins, « patients traceurs », citoyens avant d'être malades. Ce sont eux qui doivent décider, y compris de leur propre fin ! C'en est terminé du patient passif, et c'est tant mieux. Il doit désormais être associé aux décisions qui sont prises dans son intérêt, ou plutôt qui lui sont proposées. Néanmoins, quelle charge pour certains. Lors de la certification des établissements de santé, « le patient est au cœur du dispositif » et son point de vue sur les soins qui lui sont dispensés comptera autant, si ce n'est plus, que ce que médecins et soignants pourront en dire. De nombreux parents confrontés à des difficultés importantes chez leur enfant hésitent à engager des soins pourtant

1. Un corpus de grilles de lecture mises au point par Jean-Christian Fauvet, en s'appuyant sur les travaux d'Edgar Morin sur la pensée complexe.

nécessaires si ce dernier n'est pas d'accord. Combien de fois est-on témoin de cette impossibilité d'agir de parents dont l'enfant manifeste des troubles graves, jusqu'au pronostic vital engagé, du fait du refus de ce dernier d'accepter les soins proposés par le médecin – dans des cas de trouble grave des conduites alimentaires, de dépression avec idées suicidaires ou de refus scolaire par angoisse débordante par exemple ? Agiraient-ils de la même manière si leur enfant refusait d'être mené aux urgences à la suite d'un accident grave sur la voie publique ?

Dans le monde politique, les élites passent aussi beaucoup de temps à en appeler à la responsabilisation. « Nous prendrons nos responsabilités, qu'ils prennent les leurs ! » À la réflexion, on se demande souvent ce que cela signifie.

Dans une démocratie, les gouvernants sont là pour créer l'organisation et les conditions permettant aux talents et aux énergies de se mobiliser au service d'un projet collectif. Si vous êtes plus républicain, vous chercherez le bénéfice du plus grand nombre, si vous êtes démocrate, vous chercherez le bonheur de chacun.

Traditionnellement, les politiques ont pratiqué l'exercice du pouvoir du haut vers le bas, et parfois par en dessous, connaissant mieux que leurs électeurs ce qui était susceptible de leur convenir. Et si, au lieu de faire toujours acte d'une autorité descendante, on leur demandait parfois leur avis ?

On est en train de découvrir, et parfois avec bonheur, qu'il peut être agréable que la lumière vienne d'en bas, voire surgisse des côtés, au lieu de l'attendre toujours d'en haut. La pandémie de Covid-19 en a bien montré les avantages lorsqu'il s'est agi de déconfiner la population.

Les lustres d'antan n'ont-ils pas laissé la place dans les intérieurs à des éclairages indirects créant des ambiances nouvelles ?

Dans tous les domaines cités plus haut, apparaît bien une lancinante incantation à la responsabilisation et à l'autonomie, partagée par presque tous, tout au moins dans les discours et les intentions.

Mais en réalité, la mise en œuvre sincère et adaptée est beaucoup plus rare. C'est l'un des plus vastes contresens sociétaux qui soient.

Et il est lourd de conséquences.

Une injonction paradoxale

Car derrière ces bonnes paroles incantatoires se cache l'injonction paradoxale. Le *double bind*[1]. Il se traduit dans le fameux : « Sois spontané ! » qui condamne à ne pas pouvoir l'être.

Dites à un adolescent qui rentre par inadvertance dans le salon où vous recevez quelques amis à dîner : « Mais souris, bon sang ! Arrête de faire cette tête-là » ; ou à un collaborateur à qui vous venez d'annoncer une augmentation décevante : « Ne le prenez pas mal… »

Ou encore : « Travaille, c'est important pour ton avenir », tout en ajoutant : « Vivement le week-end. » Autant dire tout de suite : « Travaille, c'est important pour l'image de bon parent que je voudrais soutenir et pour alléger mon angoisse à ton sujet. »

1. École de Palo Alto-Paul Watzlawick, *Une logique de la communication*, Paris, Seuil, « Points », 2014.

Autant de façons de parler à la place des autres en les privant de la liberté de penser et d'exprimer ce qui provient d'eux-mêmes.

Nous faisons tous chaque jour une incroyable quantité d'injonctions paradoxales.

Le « Sentez-vous responsables et autonomes ! » signifie en réalité : « Exercez les responsabilités que je vous ai données dans le cadre strict que je vous ai indiqué... mais pas sans mon aval, et surtout pas autrement que je le ferais. Et rendez-moi compte de vos résultats rapidement. » Nouvelle manière de dire « Obéissez-moi ».

Dans les faits, il n'y a jamais eu une telle déresponsabilisation des échelons intermédiaires (entreprises, syndicats, assemblées, partis politiques...), signalant la difficulté des chefs à lâcher, et sans doute des équipes à prendre des initiatives.

À mesure que les attentes ou les exigences des bénéficiaires (actionnaires, citoyens, enfants) augmentent, ainsi que les sanctions en cas d'échec, les chefs, dans les faits, ne distribuent la responsabilité que parcimonieusement, même si leurs injonctions prétendent l'exact opposé.

Récemment, dans un grand groupe français (100 000 personnes), le président avait exigé de donner son accord préalablement à toutes les embauches individuelles, tous niveaux confondus. On comprend, bien sûr, l'intention symbolique d'une telle pratique. Elle n'en infantilise pas moins les échelons du dessous.

Sous couvert du « Sentez-vous responsables », le niveau hiérarchique auquel se prennent les décisions aujourd'hui est en moyenne déraisonnablement élevé.

Soyez autonome... mais je veux tout savoir et c'est moi qui décide de tout... jusque dans le moindre détail. Comme ces parents hélicoptères qui suivent les initiatives « responsables » de leur enfant par géolocalisation, au cas où !

Plusieurs raisons à cela.

En famille, les parents bien intentionnés tiennent à obtenir l'assentiment de leur enfant et son adhésion aux décisions qu'ils souhaitent prendre pour lui. Pour ce faire, ils mettent sur la table tous les arguments favorables à leur disposition, se faisant les avocats de leur propre cause. Si leur progéniture s'oppose à leur demande, ils ont alors le sentiment d'exercer une violence affectivement illégitime et d'abuser de leur position d'adultes, ou que leur bienveillance et leur ouverture d'esprit ne sont pas reconnues à leur juste valeur.

« Si tu m'aimes, fais-le » devient un argument-chantage mettant l'enfant dans une position intenable, car soit il fait plaisir à ses parents et sacrifie son point de vue, soit il s'y oppose et les affecte à l'évidence. Ce qui induit des tiraillements intérieurs compliqués et de la culpabilité peu motrice.

Que ce soit au sein de l'entreprise ou de la nation, le chef est scruté à la loupe par les actionnaires ou les citoyens comme jamais dans l'histoire, médias et moyens numériques aidant.

Et il en a assez d'être mis sur le gril par des financiers ou des analystes qui disent en savoir plus que lui sur sa propre entreprise, ou des journalistes qui prétendent la même chose à propos de ses agissements. Sa vie est passée au scanner médiatique, on fait fi de sa position théorique d'autorité. Comme l'enfant qui ne perd rien des contradictions et mouvements variés de ses parents.

Ensuite, le chef a peur. Peur que ses décisions soient désavouées, au moins décriées, par le conseil d'administration et l'assemblée. Peur que les décisions soient prises par des gens en qui il n'a pas confiance.

Et tant qu'à être écarté un jour, autant l'être pour des décisions prises par lui plutôt que par d'autres, pensera l'un. Tandis que l'autre bridera ses projets pour qu'ils soient compatibles avec ce qu'il estime être le point de vue dominant.

Pourtant le chef, comme le parent ou l'enseignant, a de bonnes raisons d'en appeler fortement à la responsabilité. C'est dans l'air du temps, politiquement correct, pédagogiquement conseillé, voire gratifiant pour l'intéressé. Ça le soustrait à une critique frontale de son autorité vacillante par ses propres collaborateurs.

Mais à l'inverse, il a de bonnes raisons de ne pas le faire car les exigences croissantes des actionnaires, des parents, des bénéficiaires de tout poil l'en dissuadent.

S'ajoutent à cela les archaïsmes animaux (dominant/dominé) dont nous avons parlé plus haut, et nous voilà avec une *real politik* (ne pas le faire) et/ou du cynisme (le dire quand même). De la crispation en tout cas.

Soulignons le paradoxe qui voit aujourd'hui l'émergence de quantité de start-up et autres initiatives associatives, hors cadre hiérarchique, en situation d'indépendance de création et de gestion. Combien de jeunes récemment diplômés, après un parcours dans de grands groupes dans lesquels ils se vivaient bridés, prennent le risque d'en sortir pour des aventures professionnelles dans lesquelles ils n'ont pas d'autre chef qu'eux-mêmes : le fameux Surmoi quand ce n'est pas l'idéal du Moi qui peut parfois tyranniser plus qu'un chef très directif, et contre lequel aucun syndicat n'existe…

Et l'on sait bien que ces instances intérieures ne sont pas très sensibles à l'air du temps et restent fréquemment sur un mode de fonctionnement plus proche du père autoritaire d'antan que du partage bienveillant prôné aujourd'hui. La négociation avec soi-même est autrement compliquée.

L'adolescent, lui, demande souvent (inconsciemment, bien sûr) ce qu'il espère ne pas voir satisfait… ou réfute ce qu'il aimerait voir réalisé. Si on le laisse libre comme il le demande avec force, il se sent abandonné ; si on l'encadre, comme il en a encore besoin, on lui « prend la tête ». Car il sait qu'il en a besoin, et cette idée même l'insupporte. C'est donc apparemment mission impossible si l'on oublie que pour avancer et pour décider, malgré tout, il faut une boussole qui indique une direction, un point d'appui qui assure une stabilité suffisante quand les essais sont encore hasardeux, voire une opposition qui aide à se situer.

L'ancre permet au bateau de ne pas dériver dans la tempête, au prix d'une agitation pénible. Quand le calme est revenu, elle peut être levée et il est possible de reprendre le cap souhaité.

En profondeur, les équipes comme les enfants restent circonspects sur la sincérité des injonctions paradoxales qu'ils reçoivent et flairent vite l'incohérence cachée derrière le discours apparent. Quand un parent, sur la base d'un conseil professionnel, ou de la lecture de la rubrique Éducation de son magazine préféré, établit une position qu'il soutient auprès de son enfant avec force, alors que spontanément il ne l'aurait pas adoptée, l'enfant perçoit très vite qu'il y a un espace d'actions possible, en cherchant à dévoiler par là ce que pense réellement ce parent.

Et cela rejaillit de manière négative sur l'exercice de l'autorité dès que l'insincérité est perçue comme illégitime.

Un marché de dupes

Pour un vrai partage des responsabilités

Qui n'a jamais été confronté à ce mot d'ordre partagé dans une feinte entente de surface qui cache, au fond, un fossé d'incompréhension et de frustrations ?

Par-derrière, on entend : « Il ne nous fait pas confiance ! Qu'il arrête avec son micromanagement. »

Tandis qu'à la maison l'adolescent sera tenté de répondre « Chiche ! » à la demande qui lui est faite de prendre plus d'initiatives, au risque d'être traité d'impertinent. Alors, comment s'en sortir ?

Pour y voir plus clair, retournons en arrière dans le temps de la vie. Là où se constituent les bases de la confiance. C'est une histoire ancienne. Elle commence avec le tout-petit et le climat relationnel qui s'installe entre lui et ses parents. Avec certains d'entre eux, l'inquiétude prévaut concernant ce qui peut lui arriver la nuit, les difficultés d'alimentation, de sommeil… les conduisant à des interventions répétées pour s'assurer de son bien-être. Pour d'autres, il n'en est rien et il semble que la vie se déroule de façon harmonieuse bien qu'imprévisible.

Puis viendront d'autres étapes comme le sevrage, le premier placement en crèche ou chez la nourrice, qui impliquent une délégation de confiance très variable d'une famille à l'autre.

Les premiers pas du bébé lui permettent d'évaluer le niveau de confiance qui lui est accordé. Certains parents ne lui lâchent la main qu'après être totalement rassurés sur son autonomie et avoir dégagé le terrain pour éviter un accident douloureux et quasi attendu, tandis que d'autres permettent des expériences dont les chutes ne sont pas absentes.

Et que dire de ces bébés qui marchent seuls dès lors qu'ils sont dotés d'une noix dans chaque main, alors qu'ils ne tiennent pas debout lorsqu'ils ont les mains vides !

En attendant le moment où ils devront traverser la rue seuls, aller à l'école sans les parents et devenir des enfants « porte-clés ».

Toutes ces expériences accumulées chez chacun font le lit des manières de gouverner, ou d'accepter de l'être. Que l'on soit chef, parent, enfant, employé, nous sommes marqués par ces expériences infantiles dans nos relations à l'autorité et dans la confiance en soi qu'elle permet plus ou moins d'établir.

D'où les variations rencontrées dans les capacités à déléguer ou à recevoir une délégation. D'où nos différences dans les façons d'accepter le discours du chef, d'appréhender la réalité, les différents niveaux de stress que nous pouvons connaître, la vision optimiste de l'avenir ou le tableau plus sombre que nous en avons. Et pourtant, il faut bien composer avec cette diversité humaine pour tenter d'avancer ensemble.

Alors, du côté de l'entreprise, que penser du management par le vide contrôlé[1] si on le met en rapport avec l'apprentissage de la marche avec des noix chez le petit enfant ? Quelles noix faudrait-il pour permettre l'émancipation des adolescents, comme des collaborateurs, officiellement souhaitée, pour qu'ils tiennent debout et puissent avancer seuls ?

Ce qui est encore plus étonnant, c'est la résignation souvent passive des échelons en dessous, au travail comme à la maison.

---

1. Attitude de management invitant un collaborateur à s'engager, à prendre des risques tout en s'assurant à tout moment que ses faux pas initiaux seront compensés (sociodynamique Mode 4).

Même si, ici ou là des contestations se manifestent. On aurait pu craindre davantage de rébellions, des démissions en cascade, des dénonciations publiques, des articles incendiaires dans la presse : rien de tout cela. En 2020, les Gilets jaunes ont occupé quasiment seuls le terrain de la protestation. Avec ailleurs quelques plaintes médiatisées à juste titre pour harcèlement au travail (Orange) ou harcèlement sexuel (*Me too*).

À quand la prochaine éruption ? Sous quelle forme inédite en post-Covid-19 ?

Car à présent les presque-chefs, les adjoints des susdits, les cadres, les sous-chefs et leurs adjoints se sont tous gentiment rangés derrière l'irresponsabilité implicitement souhaitée par le chef. Mais que font-ils alors ?

Eh bien ils jouent une comédie sans trop y croire, ils remuent beaucoup de vent, fouettent leurs troupes pour obtenir par exigence de meilleurs résultats, empochent des rémunérations et des bonus grassouillets, prennent des airs importants, se persuadent qu'ils sont surchargés, harassés par d'incessants voyages.

En réalité, ils n'accomplissent pas grand-chose. Et, confusément, ils le savent.

Ils savent qu'ils sont relativement inutiles et que, un jour, quelqu'un finira bien par découvrir que les staffs pléthoriques des ressources humaines, du marketing, de la stratégie, de la communication… ne servent qu'à ceux qui les peuplent. C'est pourquoi ils redoublent d'agitation pour qu'il soit bien entendu que sans eux le système s'effondrerait.

Et n'est-ce pas ce que l'enfant-élève pratique de tout temps pour cacher son incapacité à répondre aux éventuelles questions sur les cours qu'il est censé avoir appris ? Soit il cherche à être le plus invisible possible pour ne pas attirer l'attention, soit, à partir des maigres données qu'il a engrangées, il tente de faire la démonstration de sa présence et de son investissement.

Mais au fond, ce n'est pas eux qu'il faut blâmer.

Ce sont leurs enseignants, leurs chefs et, au-dessus d'eux, la « hiérarchie » ou les mécanismes actionnaires qui ne laissent aucune marge de manœuvre aux « exécutants », depuis quelques années, jusqu'à des niveaux très élevés. Soyez responsables, mais en fait : vous devez être exécutants. D'ailleurs, la coqueluche des patrons bien-pensants actuels, le général de Villiers, les appelle des « subalternes »… Pour tout arranger, les processus de prise de décision ont été largement simplifiés par les… processus, en soi, déjà hautement déresponsabilisants. Dit autrement, la décision autonome des acteurs est bien souvent remplacée par un processus qui décrit ce qui doit être fait par le menu.

À quand l'implication des élèves dans leurs apprentissages, avec les enseignants comme pilotes ? Le sacro-saint modèle à la française n'est pas près d'effectuer le virage nécessaire que les temps imposent pourtant. Et il n'est donc pas étonnant de retrouver ce même fonctionnement dans l'entreprise comme dans l'administration de l'État, chacun retrouvant ainsi, une fois adulte, professionnel, les schémas familiers qu'il a connus plus tôt à la maison et à l'école.

Toutefois, ne cédons pas à la caricature, car il existe des écoles comme des petites entreprises qui sont moins soumises à l'absence de confiance.

Certains grands groupes ont d'ailleurs bien compris qu'en s'intéressant aux échelons intermédiaires dits subalternes, il était possible de trouver des personnes-ressources auxquelles faire grimper les échelons pour leur permettre d'accéder à des niveaux hiérarchiques supérieurs. Chacun y trouve son compte, autant l'entreprise, à qui ses employés vouent de la reconnaissance et sont ainsi motivés, que ces derniers, qui voient leurs potentialités reconnues et soutenues.

Il est donc grand temps de repenser l'allocation des responsabilités et de la faire redescendre aussi bas que possible. On évitera ainsi de laisser à des consultants mécanistes issus des grandes écoles et complètement hostiles à la délégation, le fantasme que tout doit remonter au chef, et que seul le chef sait.

Mais ça va être dur : c'est lui qui les embauche !

Il y a des changements dans le discours mais un grand immobilisme sur le fond.

Dans la vie quotidienne des familles, c'est autre chose qui pourrait éclairer certains fonctionnements à plus grande échelle.

Écoutons M. Duval nous faire part de son expérience : il élève seul son fils adolescent de 15 ans depuis le départ de sa femme pour d'autres horizons. Son sens du devoir et son envie de bien faire, voire de réparer les conséquences du divorce sur son fils, le conduisent à chercher ce qu'il estime être la meilleure solution face à chaque situation potentiellement conflictuelle. Il redoute avant tout que son fils lui dise un jour, en réponse à une demande « autoritaire » : « Puisque c'est comme ça, je vais aller chez maman. » La concurrence ne va tout de même pas récupérer le garçon, même s'il est souvent insupportable… Et l'autorité, telle qu'elle s'exerçait sur lui enfant, semble bien dépassée.

Depuis quelque temps, par exemple, le garçon estime que le travail scolaire qu'il fournit lui ouvre le droit à un repos bien mérité le soir : après le dîner, il invite généreusement ses copains à la maison et leur offre les alcools paternels, fume avec eux les produits qu'ils apportent, le tout dans une ambiance sonore intense jusque vers 1 heure du matin, ce qui condamne M. Duval à l'insomnie, alors qu'il doit se lever vers 6 heures pour se rendre à son travail.

Il a bien essayé de sensibiliser son fils aux effets du manque de sommeil expliquant sans doute la baisse de ses résultats, au respect que l'on doit à son père, et qu'alcool et drogues sont interdits. Rien n'y a fait. Les soirées tardives continuent deux à trois fois par semaine, en plus du week-end.

Après le départ du dernier « invité », il demande de façon récurrente à son garçon de ne plus continuer, lui explique les conséquences de ses agissements sur lui, le risque d'être renvoyé de ce logement si les autres résidents se plaignent, y compris auprès du commissariat, le menace du pire. En vain.

Jusqu'au soir où, n'en pouvant plus, les propos raisonnables et éducatifs laissent la place à une franche colère, comme un orage éclatant en fin de soirée, avec renvoi immédiat des camarades éberlués, et surprenant autant le fils... que le père. Mettant fin à ces festivités... Mais combien de temps et d'énergie perdus. S'étaient enfin exprimées les limites paternelles jusqu'alors indicibles sous couvert de bonnes intentions éducatives.

Moins de démagogie et plus de netteté dans les positions peuvent aider à gagner du temps. Comme si le fils avait été contraint de provoquer toujours plus son père pour enfin identifier ses limites et son point de vue.

Du bonheur pour tous !
Tous ensemble !

Ça n'a échappé à personne, l'objectif d'une vie aujourd'hui est bien la conquête du bonheur et de l'épanouissement personnel, tandis que pour nos ascendants et dans bon nombre de pays du monde encore actuellement, il s'agit surtout de survivre et d'assurer sa descendance.

C'est à l'évidence le projet des parents occidentaux contemporains, mais aussi semble-t-il d'un certain nombre de dirigeants. Aujourd'hui, il apparaît que le vocabulaire compte plus que ce qu'il recouvre (ça s'appelle d'ailleurs souvent des éléments de langage !). Il faut, entre autres, que le discours soit de surcroît écologique et solidaire. Il est interdit d'être égoïste alors que l'individualisme règne en maître.

C'est l'admirable Philippe Muray, avec son style si incisif, qui a souligné les travers d'un conformisme démagogique et d'une bonne conscience suintante et gluante[1]. Et le règne d'*Homo festivus*[2] ! cet homme moderne pour lequel tous les domaines de la vie sont indifférenciés : l'enfant et l'adulte, la ville devient un espace de jeu. Les temps festifs ne se distinguent plus des non-festifs. La rébellion devient une routine et le fait de « rebellocrates », avec l'apparition des « mutins de Panurge ». Voir l'immunité des black blocs qui, à quatre ou cinq cents, parviennent à semer la zizanie et à discréditer le message porté par les manifestations qu'ils ont infiltrées.

Aspirant à une existence harmonieuse et paisible, notre époque aurait oublié que le conflit est inhérent à la vie et en particulier aux humains dès lors qu'ils sont en groupe.

Sous couvert d'un habillage « moderne » avec un discours du type « tous ensemble », « c'est pour un avenir meilleur », on met en avant de nobles causes réputées motivantes, et donc épanouissantes[3] !

---

1. Philippe Muray, *L'Empire du bien*, Paris, Les Belles Lettres, 2002.
2. Philippe Muray, *Festivus, festivus*, Paris, Flammarion, « Champs essais », 2008.
3. Julia de Funès, *Socrate au pays des process*, Paris, Flammarion, 2017.

La tendance est à chercher le bonheur et l'épanouissement des enfants, comme des salariés, quitte à utiliser des artifices misérables, en prenant les gens pour des idiots.

Vouloir le bonheur des employés et des enfants à la maison devient un objectif prioritaire. Avant de risquer de frustrer son petit, le parent d'aujourd'hui veille à ce que l'impact de cette attitude ne nuise pas à son développement futur… La recherche « bonheuriste » est enseignée dans les écoles de commerce (*business schools*). La tendance est à la « gamification », avec comme but idéal une bonne humeur permanente. Cette manière de concevoir le management a des antécédents : « Dans la Russie soviétique, les challenges étaient utilisés pour augmenter la productivité. On trouve également dans la Prusse du XVIIIe siècle des jeux de stimulation stratégique et guerrière[1]. »

Nous sommes à l'heure du paralogisme qui considère que mieux au travail = plus performant ! D'où l'installation de flippers et autres gadgets distractifs, très à la mode dans les start-up. D'où l'avalanche d'ouvrages sur le développement personnel, renommé de façon cinglante par Julia de Funès le développement impersonnel.

L'infantilisation est la règle. Comme en crèche, les salariés se voient proposer des jeux, remettant l'autonomisation à plus tard, et avec injonction à quitter des positions adultes pour régresser dans une ambiance maternante. Alors place aux jeux de Lego (l'ego ?), de Kapla, etc.

« Je veux rendre mes salariés heureux ! », tel est le mot d'ordre de certains. Le bien-être des collaborateurs est devenu

---

1. Emmanuelle Savignac *et al.*, *Travail de la gamification. Enjeux, modalités et rhétorique de la translation du jeu au travail*, Bruxelles, Peter Lang, 2018.

un enjeu majeur des entreprises. Elles associent désormais leur « marque employeur » à la qualité de vie en leur sein (la « QVT » : qualité de vie au travail.) Des sociétés ont créé le poste de direction du bonheur. Certains DRH ont même été rebaptisés *chief happiness officer* (CHO) ! Mais où se trouve la direction du bonheur ? Par où faut-il aller pour la trouver ?

L'un d'entre eux, en 2019, proposait une matinale dont le programme se présentait ainsi : après un temps d'accueil café entre 8 h 30 et 9 heures, le public se voyait proposer, entre autres, une intervention faite par une naturopathe experte en qualité de vie au travail et en prévention santé sur le thème de la naturopathie, « un outil puissant de bien-être et de prévention santé en entreprise ». Et une autre ensuite avec comme sujet : « Engagement et bien-être au travail : un défi que la digitalisation ne pourra relever ».

Quels effets cela peut-il avoir ? Ne peut-on y voir le risque d'une dépendance à l'égard de ceux qui disent vouloir votre bien ? Comment en vouloir à des parents bienveillants ou à des chefs apparemment si attentionnés ?

Et si leurs bonnes intentions produisaient un effet inverse de ce qui est officiellement visé ? N'affecte-on pas à cette injonction « être heureux ; le bonheur au travail… » une mission que la vie professionnelle n'a pas pour visée première d'atteindre ? Trouver du sens au travail, pouvoir y évoluer et avoir des possibilités de responsabilité, n'est-ce pas suffisant ?

Et à la maison comme à l'école, les contraintes devraient ne pas exister ?

Recherche appartenance

Un autre paradoxe frappant aujourd'hui concerne un travers dénoncé fréquemment, l'individualisme, dans le temps même où l'aspiration à participer à une communauté n'a jamais été aussi importante, qu'elle soit revendicative, comme les Gilets jaunes ou les syndicats, religieuse ou autre. La mondialisation générerait-elle une recherche d'identité et d'appartenance groupale beaucoup plus forte ?

Avec aplomb, on joue sur le sentiment d'appartenance, on organise des fêtes (ou des séminaires au vert, c'est pareil[1]). « Le chef danse avec l'aide-comptable, t'as vu, il est vraiment accessible. » Les parents copains partagent leurs confidences avec leurs enfants dont ils attendent la pareille et un retour positif : « Tu as de la chance d'avoir des parents comme ça ! Ils sont cool. » L'idée est simple : il faut recréer une appartenance groupale comme les bandes d'adolescents, avec des références partagées. Et donc une cohésion artificielle.

Ce que les édiles ont du mal à concevoir, c'est que leurs collaborateurs, eux aussi, préféreraient comprendre, percevoir le sens, jouer dans la vraie vie et pas seulement une fois par an dans le séminaire du chef. Et que le sentiment de partage avec d'autres peut exister en dehors du travail, Dieu merci, comme pour l'adolescent, en dehors de la famille.

Ce qui s'imposait auparavant sans choix, à savoir l'appartenance à une famille, à une communauté, un village, un quartier, une nation… fait aujourd'hui l'objet d'une quête active à défaut d'exister de manière « naturelle » : le nomadisme

1. Philippe Muray, *Festivus, festivus*, *op. cit.*

géographique, professionnel et familial conduit à chercher à quelles branches s'accrocher. Chacun doit décider de sa vie et ne plus laisser la vie décider pour lui. Aujourd'hui, il doit être possible de choisir à quel groupe on souhaite appartenir, plus que subir celui auquel on appartient. Tel serait le mot d'ordre. Seuls et ensemble. Tous ensemble et chacun pour soi.

Ce besoin d'appartenance a été bien compris par certains, qui l'utilisent pour servir leur cause. Il semble bien que la première victime de cette tendance à choisir soit la famille. Seul et premier groupe qui n'est pas choisi mais auquel on appartient par la nature ou la loi. Alors, les fêtes du personnel remplacent les fêtes de famille disparues.

Sur le mode que connaissent bien les adolescents, eux qui fuient les fêtes de famille pour signer leur autonomie et leur indépendance par rapport à leurs géniteurs, au profit du groupe ou de la bande de pairs, sur les réseaux sociaux comme dans la « vraie » vie. Comme les professionnels japonais d'une même entreprise qui passent tout un temps après le travail au bar ensemble avant de regagner leurs foyers.

Il n'est qu'à observer les terrasses des cafés des grandes villes pour voir se regrouper dans la soirée toute une génération de jeunes adultes avides de retrouvailles et de rencontres, se donnant rendez-vous le jour même par les réseaux sociaux.

Le chef, c'est moi

Sans attendre des anciens l'octroi d'une reconnaissance, la jeune génération s'occupe d'elle-même. Et elle a bien raison ! Car la place faite à la génération suivante par les adultes en position établie n'est pas très large. Comme toujours, en période de paix, la jeunesse dérange et est vue comme une concurrence déloyale par ceux qui craignent pour leur propre place[1]. C'est bien sûr sous couvert de bonnes intentions qu'il est conseillé aux jeunes adultes arrivant sur le marché du travail de faire encore quelques stages ou de poursuivre une formation jugée insuffisante.

C'est pourquoi nombre de ces jeunes décident de s'occuper eux-mêmes de leurs affaires, sur des voies qui inquiètent parfois leurs parents, étant donné la prise de risque qu'ils y voient. Ils ne revendiquent d'ailleurs pas le terme de chef, qui leur paraît presque désuet.

Il faut dire que cette génération s'entraîne à cet exercice depuis ses premiers mois : le chef de famille est désormais l'enfant. Ses désirs sont souvent des ordres, sans qu'il ait besoin de forcer le ton d'ailleurs. Son bonheur est espéré et attendu. « Où irons-nous en vacances cet été ? À la campagne, la montagne ou à la mer ? Dis-nous ce qui te ferait plaisir, mon chéri. »

Pendant ce temps, les adultes se plaignent amèrement des plus jeunes : ils ne respecteraient plus l'autorité et seraient tyranniques face à des parents impuissants et débordés. Mais nous entendons cela depuis la plus haute Antiquité : des papyrus égyptiens en passant par Hésiode, cette plainte court toujours, comme une manière de valoriser la génération antérieure en décriant la suivante. La pandémie de Covid-19 a effacé la grippe espagnole et la peste. Chaque génération pense évidemment vivre une situation inédite.

1. Patrice Huerre, Martine Pagan-Reymond, Jean-Michel Reymond, *L'adolescence n'existe pas*, Paris, Odile Jacob, 2002.

D'autant plus que les marqueurs permettant de l'identifier sont faibles.

Si leurs choix sont bien souvent pris en compte, respecte-t-on pour autant leur personne ? Ce respect n'inclut-il pas la garantie de limites à l'expression des désirs et l'apprentissage de la frustration et de l'opposition ?

Et s'ils ne respectent plus l'autorité, quel exemple leur donne-t-on ?

Observons une entrée en classe de collège ou de lycée aujourd'hui : dire bonjour aux élèves dont on attend le respect n'est pas la pratique la plus habituelle. Les établissements qui accueillent les jeunes de façon personnalisée (nous en avons connu quelques-uns) peuvent en retour exiger sans problème la même attitude.

Du côté des adultes en place, les premiers disent ou pensent : « Tout fiche le camp. Mais pour qui ils se prennent ! » Tandis que les seconds mettront en lumière les potentialités relationnelles civilisées de leurs élèves.

L'autorité, un art qui se travaille

La question du rapport à l'autorité se pose bien dans les deux sens. Les codes sociaux ont changé, le choc des cultures générationnelles est à l'œuvre dans la grande lessiveuse accélératrice qu'est notre époque.

Aux adultes de donner le *la*. Il ne faut pas oublier qu'ils demeurent les modèles du meilleur comme du pire, qu'ils le veuillent ou non. Toutes les études convergent pour rappeler que les parents demeurent les adultes les plus investis par les jeunes.

Quelques années plus tard, diplôme en poche, nous les retrouvons en tenue décontractée « à l'américaine », dans l'entreprise qui vient de les recruter.

Un rendez-vous important a lieu la semaine prochaine impliquant la présence de l'un d'eux. « Ah non, mardi prochain, je garde ma fille. Je peux faire du télétravail, mais il faudrait me donner un ordinateur et une connexion wi-fi, ou alors, je peux compenser un ou deux soirs la semaine prochaine. »

L'organisation personnelle passe avant les contraintes collectives jugées secondaires, au grand dam des employeurs à qui, jamais, on n'a appris à discuter des consignes ou des ordres, à la maison quand ils étaient petits, comme dans les études plus tard.

Alors, les « chefs » s'autorisent des agacements explicites très démobilisateurs, en plus de l'ébullition intérieure qu'ils connaissent et qui, leur dit-on, est très mauvaise pour leur santé.

Leurs remarques prennent alors l'allure d'un mépris vite associé au fait qu'ils appartiennent à la classe dirigeante.

En France, contrairement à l'Allemagne, on ne fait pas avec le corps social, on fait contre, mais il ne faut pas que ça se voie. Après le premier choc pétrolier, on a fait contre de façon violente. Maintenant, on fait contre en douceur. Mais sans état d'âme, par en dessous. Comme l'éducation économique finit par progresser en apparence, du fait du matraquage médiatique incessant sur les délocalisations et les fermetures de sites, les acteurs vivent leur infortune comme une fatalité annoncée. Écoutons pour en sourire le discours contrit du patron qui explique toutes les difficultés de la globalisation, qui se tortille pour essayer de faire comprendre que c'est pour un avenir meilleur et qui ajoute une petite phrase apprise par cœur du genre : « Croyez-moi, je suis de tout cœur avec ceux qui sont frappés par cette malheureuse circonstance, mais nous ferons tout ce que nous pouvons [sous-entendu, ce à quoi la loi nous oblige] pour en atténuer les conséquences. »

Notons au passage qu'il existe de vibrants contre-exemples (bien venus pour contrebalancer le sombre discours antérieur) : des patrons solidaires de leur corps social et des patrons « éclairés » qui ont un sens profond de leurs responsabilités. Ils sont, hélas, trop peu nombreux. L'époque post-Covid-19 fournira des exemples magnifiques de ces deux attitudes.

La réalité, c'est que les patrons, pour nombre d'entre eux, sont marxistes au sens où ils croient dur comme fer à la lutte des classes. Évidemment, ils entendent bien gagner.

Le centralisme doit être démocratique, sinon rien !

Les Insoumis en sont un bel exemple avec leurs leaders qui dénient publiquement cette place tout en dirigeant de près les opérations. Il n'y a pas plus soumis qu'un Insoumis ! Mais il l'a choisi… Alors, c'est différent.

C'est le grand marché des dupes, mettant en avant l'importance de l'avis de chacun pour mieux faire place à la parole du chef. Fausse concertation qui décrédibilise l'intention de concertation.

Mais la dupe n'est peut-être pas celle que l'on croit.

CHAPITRE 4

Il faut que ça change… mais que rien ne change

Vive le changement ?

La question du changement est centrale. Elle est sur toutes les lèvres. Comment composer avec les bouleversements écologiques, démographiques, technologiques… qui affectent la planète ?

C'est une question typique de l'adolescence.

Elle occupe particulièrement les adolescents, et ce de tout temps. À la puberté, le corps se métamorphose, sous l'influence d'un programme génétique qui impose sa loi. Le chef, c'est le corps ! Il faut dès lors le subir à l'âge où l'on veut agir sur son destin. D'où les tentatives plus ou moins adaptées que l'on observe à cette période de la vie, conduisant parfois à prendre des risques, à modifier ses sensations avec de l'alcool ou d'autres produits psychotropes, pour tenter de reprendre la main sur ce corps et cet être en pleine transformation. Passer du changement subi et d'une position passive contrainte au changement soi-disant choisi, et ainsi à une position active.

Sur le plan collectif, cette question se heurte en permanence, de la même manière, à la capacité d'adaptation du corps social, tant le changement qui le touche est rapide et bouleversant. Comme l'adolescent, il doit changer, toujours et encore, et encore plus vite, sans forcément le choisir, et en même temps disposer de points d'appui pour supporter cette accélération. Et tout ça pour aller dans quelle direction ? Personne ne peut le dire autrement qu'en projetant sur l'avenir ses propres peurs ou aspirations.

Bien sûr, on entend certains évoquer le désir de retrouver le temps d'avant, le temps magnifié de l'enfance insouciante, des voitures sans électronique, le plein emploi, les services publics de proximité, les hôpitaux avec des médecins et des soignants, le médecin de famille qui se déplace à domicile, une personne au bout du fil plutôt qu'un serveur vocal, l'absence d'obsolescence programmée, des jeunes qui lisent, des Chinois arriérés, la guerre froide, etc.

Mais voilà. Il faut y aller. Il n'y a pas le choix. Faire contre mauvaise fortune bon cœur.

Et donc les discours officiels des parents comme des dirigeants soutiennent fortement les avantages du changement, des « transformations ».

Être « conservateur » est connoté négativement. « Il faut changer : peu importent les conséquences. » En tout cas dans le discours. Vouloir ce qu'on ne peut empêcher.

C'est un mécanisme bien connu qui vise une reprise en main de ce qui échappe : « Il va falloir que ça change ! Et vite », ordonne le parent à son enfant dont le comportement lui déplaît plutôt que de lui enseigner comment faire autrement. L'enseignant en dit parfois autant.

Ce sont les mêmes qui se plaignent de la rapidité des mutations qui affectent le monde.

Comprenne l'enfant qui pourra.

Car le monde change ; et vite. Les questions concernant l'avenir sont plus nombreuses que les réponses. Pour beaucoup, se manifeste une lutte contre l'angoisse de l'inconnu. Nombre de nos contemporains sont dans cette disposition d'esprit face à un monde dont les codes et les données changent à un rythme inassimilable par eux. Alors que jusqu'à il y a peu, les évolutions et les progrès qui apparaissaient s'intégraient aux usages familiers sur plusieurs générations (transports, communications, accès aux réseaux, santé…).

En réalité, la plupart des humains n'aiment pas le changement et peu d'entre eux joignent le geste à la parole dès qu'il s'agit de changer vraiment. Les autres sont appelés des aventuriers. Mais ils finissent par s'y faire.

Prenons le ministre de l'Éducation nationale. Quel qu'il soit, il sait bien qu'il faut changer, il sait bien que le classement international de la France sur le plan des performances des élèves ne cesse de régresser et que fait-il ? Des améliorations à la marge, la mise en place de processus plus efficaces (et moins arbitraires), bref, de l'huile dans les rouages grâce à bon sens.com. Faire mieux marcher ce qui ne marche pas bien. Les résistances face au changement sont omniprésentes, sous des formes variées selon les groupes et les personnes.

Mais se pose-t-on suffisamment la question de la révolution nécessaire à l'entrée dans le XXIe siècle, de l'indispensable bouleversement des représentations et des méthodes, de l'oxygénation des pensées et des pratiques ringardes ?

Sans doute. Pourtant, l'action ne suit pas.

Depuis vingt ans, les sociétés de conseil pratiquent toutes ou presque le *change*. Prononcer *tchanj* à l'anglo-saxonne.

On y parle un sabir mélangeant l'anglais, le français et les abréviations. « Sur le *change*, on a une *méthodo* béton qui s'appuie sur du *storytelling* et des *serious games*. » Le changement est posé comme un paradigme incontournable.

Franchement, la plupart du temps, il s'agit de donner bonne mine à la mise en place de processus encore plus contraignants. Soit du changement pour plus d'étouffement. Car les processus rassurent plus le chef que la responsabilisation. Et cela vaut autant dans cette nouvelle mode – trompeuse – de l'« agilité » prônée par les cabinets de conseil.

Six mois de confusion, vingt-cinq samedis de semi-guerre civile, un grand débat national, une vigoureuse aspiration à renverser la table. Il faut que ça change, on ne cédera pas ! Quelques semaines plus tard, loin des feux de la rampe médiatique, hormis quelques miettes distribuées çà et là, qu'est-ce qui a changé ? Scénario bien connu.

Les dix-neuvièmes rencontres du Cercle des économistes se sont déroulées en 2019 comme chaque année à Aix-en-Provence sur le thème de la confiance. Sujet magnifique ! Des participants prestigieux, une impressionnante puissance intellectuelle et financière rassemblée. Et pourtant, on voit mal comment la dix-neuvième rencontre aurait pu générer autre chose que les dix-huit précédentes : pas d'action, pas d'embrayage. Les échanges étaient intéressants, collationnés dans un recueil exhaustif. Mais comment faire, diable, pour retrouver toutes ces idées dans un prolongement constructif ? « Toutes choses sont dites, déjà, mais comme personne n'écoute, il faut toujours recommencer » (Sénèque).

On va voir si la Convention citoyenne accouchera d'autre chose que d'une souris !

Sous l'égide de « Vive le changement » rôde une impuissante tentative de rendre acceptables les effets de l'hyperaccélération.

Il suffit de voir les ravages du « pétainisme » industriel en France dans les trente dernières années où tout a été bon pour se séparer de pans entiers de l'industrie au principe que ce changement allait adosser les outils industriels à des groupes plus puissants qui laisseraient néanmoins les centres de décision et les usines en France.

On a vu les résultats de cette politique sur la sidérurgie, l'aluminium, le ciment, le ferroviaire parmi d'autres. Et plus récemment sur les masques, les principes actifs de médicaments, les tests et autres respirateurs dont on a compris tardivement qu'ils ont été largement délocalisés en Chine.

Tout cela pose évidemment la question du rôle du chef et de sa marge de manœuvre.

Car c'est à lui que revient de favoriser l'éclosion d'une vision, de la porter, d'en donner l'impulsion. De canaliser les énergies et les talents vers le projet collectif. C'est peut-être là que le bât blesse, d'ailleurs, car cela est assez différent de la maximisation de la valeur pour les actionnaires. Eux, ils ont viscéralement horreur du changement s'il comporte, comme il se doit, une part de risque. Et ils l'adorent s'il en supprime.

Des expériences d'organisations sans chef sont nées dans les cinquante dernières années. L'Essec a même récemment parrainé pendant un an le projet de deux étudiants sur ce sujet, la recherche partout dans le monde de ces organisations innovantes.

Les résultats sont maigres et peu concluants.

Il faut donc croire – et c'est tant mieux – que l'humanité s'est éloignée du degré de la « sophistication » des vols d'étourneaux mettant en scène de façon magistrale les vertus d'une auto-organisation archaïque pour faire évoluer en temps réel un projet collectif, surtout quand l'adversité est présente. Les étourneaux seraient donc un modèle inatteignable ? Nous avons bien commencé à copier les oiseaux avec nos avions. Mais nous ne sommes pas des étourneaux ! Le sujet n'est d'ailleurs pas tant l'auto-organisation que la capacité d'un groupe à accueillir et intégrer la créativité de ses membres.

Mais plus tard

Quand les discours officiels prônent l'urgence du changement, dans le même temps, l'idée de changer crée la panique dans bon nombre d'esprits. La peur est mauvaise conseillère, c'est bien connu. Regardez la mouche qui cherche à quitter la pièce où elle se trouve. Si ses tentatives la conduisent à heurter la vitre fermée, pourquoi ne s'aperçoit-elle pas que celle d'à côté est ouverte et qu'il lui serait facile de sortir ? Ne lui ressemblons-nous pas un peu parfois ?

Les craintes soulevées par les inconnues de l'avenir ont grandi. Même si de tout temps elles ont existé. Mais la répétition des situations d'une génération après l'autre ne comportait pas l'effet de surprise et permettait un certain transfert d'expérience.

De nombreux exemples de grandes peurs se retrouvent au cours de l'histoire, des éclipses chez les Incas à la fin du monde attendue pour l'an 2000. Certains pseudo-chefs ou gourous profitent avantageusement de ces peurs et du besoin de réassurance pour établir leur pouvoir. Ce que fait, dans un autre domaine, l'extrême droite en exploitant l'idée de l'« invasion » par des immigrés.

La peur est un sentiment archaïque causé par une menace (réelle ou perçue comme telle) qu'il semble impossible de maîtriser. Elle organise bon nombre de comportements comme le repli, la régression vers le familier, la fuite, ou l'agressivité. Elle éloigne à l'évidence de la réflexion critique.

Le changement et surtout l'accélération provoquent indéniablement des réactions de peur.

De cela, il va falloir sortir.

Il n'est pas concevable de rester longtemps ainsi dans la paralysie, de ne pas retrouver les conditions d'un pacte collectif apaisé et la confiance élémentaire nécessaire à la vie en société. Il est aussi urgent de sortir définitivement du management et de l'éducation par le stress, récemment théorisés et objectivés par de nombreuses études universitaires[1]. Retrouver le désir d'accomplir ensemble.

Surtout quand parallèlement la génération des *millennials* se lance avec audace dans la vie, le covoiturage, les réseaux sociaux... ne comprenant pas les appréhensions de ses aînés, grâce auxquels pourtant elle s'est constitué sa manière d'appréhender le monde et l'avenir. Remercions ces derniers pour leur réussite de ce point de vue, même si elle génère des incompréhensions du type « Il faudrait qu'il assure davantage son avenir », ou « Quel dommage qu'il ne veuille pas suivre mes conseils ». Sans relever que ce sont ces conseils qui ont

1. Sébastien Payre, « Quand la qualité du management contribue au développement du stress : analyse des défauts de la fonction hiérarchique et des pratiques d'encadrement », *Recherches en sciences de gestion*, 2014, 100, p. 173-191.

conduit bon nombre d'adultes aux regrets de ne pas avoir osé quitter le chemin usuel.

D'où des rivalités exprimées, ou déniées, avec ces jeunes adultes qui n'écoutent pas les anciens, surtout quand ils réussissent.

D'autant que la peur, la frilosité, la jalousie conduisent les recruteurs plus anciens à écarter ces candidats affranchis des codes habituels, intéressés par les horaires souples, le télétravail, le nombre de jours de vacances, les conditions de travail, les possibilités d'avancement et d'évolution (alors qu'ils ne sont pas encore recrutés), et – quel culot ! – l'ambiance au travail, l'existence d'une crèche d'entreprise, d'un espace pour le sport, etc.

Une étude[1] montre qu'à qualification égale, c'est en France parmi six pays européens que le taux de chômage des jeunes est le plus élevé (20 %). Les représentations qui leur sont accolées font peur aux employeurs étant donné qu'ils sont réputés individualistes, moins respectueux de la hiérarchie, plus créatifs et multitâches, à la recherche d'une harmonie entre vie professionnelle et personnelle, entre jeu et réalité. Bref, toutes sortes d'atouts dérangeants pour les fonctionnements établis sans que soit discerné par les aînés tout ce que ces tendances pourraient apporter.

En fermant ainsi les portes à un certain nombre de jeunes adultes susceptibles de bouger les lignes, ces entreprises se privent d'avantages concurrentiels importants. La peur encore et toujours.

---

1. « Le péril jeune », étude menée par Jean Pralong, chercheur en gestion des ressources humaines, auprès de diplômés en master de gestion. Cité par Caroline Beyer, « Les entreprises françaises se méfient des jeunes », *Le Figaro*, 19 juillet 2019.

L'évolution nécessaire au XXIe siècle passera forcément par une réflexion en profondeur sur deux leviers majeurs : le bouleversement radical des pratiques éducatives et les modes d'éclosion des élites.

Les chefs sauront-ils s'en accommoder ? Avec les générations à venir ? Comment y sont-ils préparés par leur éducation, leur psychologie, leur histoire ? Et c'est pourtant ce qu'ils disaient souhaiter pour leurs enfants : autonomie, créativité, liberté de choix…

Différeront-ils encore les décisions difficiles à prendre pour que la peur ne continue pas de diriger le monde ? Auront-ils peur eux-mêmes du changement qu'occasionnerait la perte du pouvoir pour cause d'impopularité, la popularité venant avec la démagogie ? Ou y verront-ils une chance d'être chef autrement ?

Sauront-ils indiquer les avantages inédits du dépassement de la peur pour découvrir un futur certes imprévisible, mais aussi attractif que les surprises pour le petit enfant ? Saurons-nous retrouver le plaisir infantile de l'invention et des découvertes ?

Nous en parlerons dans les derniers chapitres.

Un enseignement inadapté

Auparavant, arrêtons-nous sur la question de l'enseignement, si représentative de nos attentes et du décalage entre les idées et les pratiques. S'il est un sujet qui passionne nos contemporains, c'est bien la scolarité. Par ailleurs, c'est là, à l'école, que se forment les adultes de demain et, à ce titre, c'est le lieu des pouvoirs à faire évoluer en priorité pour profiter, à l'avenir, de la créativité de chacun.

Qui fabrique les chefs depuis déjà un certain temps, et comment ? L'ENA, les écoles de commerce, les « grandes écoles », les ESPE (écoles supérieures du professorat et de l'éducation qui ont remplacé les instituts universitaires de formation des maîtres), qui n'intègrent quasiment pas d'enseignement et surtout de formation à la gestion d'un groupe, aux stratégies d'apprentissage, au soutien des ressources et de l'estime de soi.

Les discours officiels dans ces écoles peuvent avoir changé en apparence, mais les pratiques restent les mêmes : priorité écrasante à la relation maître-élève, au cognitif, au cérébral, à l'individuel et au sacro-saint programme. Sous la pression de certains élèves, voilà qu'une énième réforme de l'ENA est envisagée. Restons optimistes sur sa bonne fin.

Et priorité à des mécanismes de sélection à l'entrée qui glorifient les hyperintelligents (5 %). Une épidémie de hauts potentiels intellectuels (HPI) règne actuellement, s'ajoutant aux « polars » et autres « intellos » (le reste), ceux qui sont prêts à tous les renoncements, à toutes les soumissions, à l'abandon de tout questionnement pour entrer dans la course au conformisme, à la répétition et à l'ascension sociale.

Au détriment de leur capacité créative, de leur humanité et de leur esprit critique.

Entendons-nous bien : il ne s'agit nullement de prôner l'élimination du cortex, de la logique, du raisonnement voire de l'érudition. N'oublions pas non plus, toutefois, qu'après deux ou trois ans de laminage par le travail abrutissant, à l'âge de 20 ans, la maturation émotionnelle des impétrants en prend un sacré coup. Tous n'en conservent pourtant pas des séquelles. C'est ce qu'on appelle la résilience !

Alors plutôt que « OU », il devient nécessaire de faire « ET », suivant en cela l'exemple de notre président de la République.

De reconnaître l'existence des deux cerveaux : le cerveau gauche, logique et analytique, et le cerveau droit, lieu de la créativité, de l'intuition et de la synthèse, plutôt que chercher à imposer la suprématie écrasante du gauche.

Pas OU, mais ET l'intelligence sensible, ET la confiance en soi, ET le collectif, ET le sens de l'engagement, ET l'ouverture, ET l'esprit critique…

Ces remarques paraissent bien générales sans doute.

Imaginons toutefois une seconde un groupe de professeurs, de philosophes, de sociologues, de psychologues, de pédagogues à qui il serait demandé de penser concrètement comment faire vivre le « ET » dans les processus éducatifs.

Bien entendu, pas à des révolutionnaires hors sol. Des gens « normaux », suffisamment intelligents et cultivés, qui se verraient contraints de penser autrement. *Think outside the box*, disent les Anglais.

Et qu'on déciderait d'écouter… avant de les évincer probablement, du fait du dérangement occasionné par leurs idées.

La petite fille de l'un de nous deux est une très bonne élève dans un lycée français de l'étranger. Il se trouve qu'elle est aussi une sportive de haut niveau et que ses compétitions l'ont amenée, au troisième trimestre, à être absente trois vendredis. Le professeur d'anglais s'est opposé à ce qu'elle obtienne les félicitations pour avoir été absente à trois de ses cours (en prévenant, bien sûr). Elle a pourtant 18,5 de moyenne en anglais !

Bien sûr, foin des médailles en chocolat, là n'est pas le sujet. Mais que le système soit à ce point incapable de valoriser un engagement aussi structurant et complémentaire explique à soi seul les raisons du déclin de notre système éducatif et envoie un signal bien négatif qui témoigne d'une certaine étroitesse d'esprit. Démotivant, non ?

Il faut croire que les mécanismes bien connus de répétition de ce que l'on a subi sont à l'œuvre, plus que jamais. Les parents maltraitants sont souvent d'anciens enfants maltraités. Les anciens élèves ayant mal vécu leur enseignement deviendraient des enseignants maltraitants, dans les classes préparatoires par exemple ?

Tout se passe comme si, globalement, nous restions affublés d'un système d'enseignement qui renforce le narcissisme de certains et casse la confiance en soi naissante des autres. D'un système où l'enseignement professionnel conserve son éternelle mauvaise image. D'un système où le conformisme serait la vertu cardinale.

Après chaque nouvelle fournée de bacheliers, un nombre impressionnant de parents baissent les yeux pour avouer avec un petit sourire confit que leur chéri a obtenu la mention très bien. Les derniers en date d'ajouter « Une petite mention très bien... », malgré son 20 en philo. Ça veut dire quoi, 20 en philo ? Tu as été capable de recracher le corrigé type établi par le correcteur lui-même et appris par cœur ou bien tu es en marche pour révolutionner la pensée de l'humanité ?

Nous vivons dans une société où le mérite est lié à certaines opérations cognitives autant qu'à l'origine sociale. Nous avons encore beaucoup de difficultés à reconnaître la valeur d'autres compétences, certes plus difficiles à mesurer, comme l'intelligence émotionnelle, la curiosité de l'autre et du monde, la générosité...

Bien entendu, il en va tout autrement si les enfants décident de poursuivre une carrière de foot, de stand-up ou de chanteur de variétés. Là, la qualification est délivrée par les performances, les médias ou le public.

Pourtant, d'intéressantes expériences témoignent de l'avantage qu'il y aurait à prendre en compte et à considérer la diversité des investissements manifestés par l'enfant et l'adolescent, au-delà de leurs performances académiques. C'est ainsi qu'est née une initiative intéressante à Issy-les-Moulineaux dans les Hauts-de-Seine : le livret de compétences. Il s'agit d'y relever les domaines d'intérêt du jeune, tout au long de son parcours de vie dans lequel la scolarité occupe certes une place, mais pas la seule. A-t-il pratiqué des sports ? A-t-il fait partie du conseil municipal de la jeunesse ? A-t-il appris la musique et à jouer d'un instrument ? S'est-il engagé dans une activité associative ?

Ainsi se dégage au fil des années un portrait aux multiples facettes, loin d'une appréciation objective de performances, dans lequel la subjectivité comme les évolutions de la personnalité ont toute leur place.

Dans les CV des postulants, l'employeur potentiel n'aurait-il pas intérêt à prendre en compte ces éléments ?

Pour la génération suivante, la constance des modes d'éducation et d'enseignement contribue à ne pas lui permettre de s'adapter plus heureusement et avec souplesse aux mutations qu'elle va inévitablement connaître.

Quel incroyable décalage entre les changements du monde, reconnus par tous, et l'immuabilité de notre système scolaire où règne trop souvent encore l'enseignement magistral à l'estrade : voilà un bel exemple de réaction face à la peur, comme certains pourraient être figés face à un serpent ou un lion, sans même le moindre réflexe de fuite.

Un récent bref documentaire sur BFM (donc en boucle) montre une conseillère d'éducation accueillant les élèves le matin en leur disant… « Bonjour », le cas échéant en formulant çà et là une petite remarque avec bonhomie, comme si c'était un prodige, une initiative extraordinairement novatrice, une rupture culturelle majeure. Ou cette autre qui avait proposé de tenir chaque mois une séance d'échanges avec les élèves sur le thème du bonheur dans son collège. Ses collègues avaient pris cette initiative pour une douce lubie qui lui passerait et ricanaient entre eux de sa naïveté, alors qu'il y avait des sujets autrement importants du type drogues, harcèlement, contraception… Personne ne viendrait à coup sûr et elle se trouverait seule avec son malheur. Elle aurait dû écouter les conseils des anciens !

Mais après quelques séances, ils furent bien obligés de reconnaître l'intérêt de l'offre réunissant un nombre d'élèves jamais atteint jusqu'alors à l'occasion des autres manifestations proposées. Ces jeunes voulaient en savoir plus sur le bonheur, et ce que les adultes pouvaient en transmettre. Abreuvés depuis l'enfance de discours préventifs alertant sur les dangers de la vie, ils finissaient par se demander quels bonheurs étaient imaginables, surtout en grandissant, alors même qu'ils en saisissaient bien des éléments dans leur quotidien. Mais peut-être se trompaient-ils ?

Un autre exemple entre mille est saisissant : celui de l'usage des smartphones et autres ordinateurs, tablettes, etc. L'Éducation nationale les autorise uniquement sur prescription médicale pour compenser un trouble officiellement recensé du type trouble dyspraxique !

Interdits avant la fac, alors qu'ils sont d'usage courant partout. Comment un enfant peut-il comprendre ces consignes ?

Que ce qui est utile et tant apprécié par ses parents est dangereux pour lui ? Si l'on cherchait à rendre désirable un usage, il ne faudrait pas s'y prendre autrement !

Comme si le stylo-bille ou le feutre avaient été interdits (ce qui était le cas il y a encore une soixantaine d'années) au profit imposé de la plume et de l'encrier ; et pourquoi pas du burin et de la pierre.

De Jules Ferry à nos jours, quelle constance. Là au moins sont établis des repères sûrs qui ne bougent pas. Nos arrière-grands-parents ne seraient pas dépaysés.

Par contre les débats sur les rythmes scolaires ou le niveau (toujours plus bas, nous dit-on !) ont la vie dure.

Le négatif est privilégié. Ce qui marche est réputé normal. L'empathie et la bienveillance n'ont que peu de place.

Nous restons surpris par le discours sur l'Éducation nationale : « On parle beaucoup de l'immobilisme de l'Éducation nationale, mais c'est par ignorance car il s'y passe beaucoup de choses. » Formidable ! Pour un peu, nous nous sentirions coupables de ne vraiment pas voir ce qui bouge (mais qu'est-ce qui bouge ?) et d'observer le classement international s'effondrer depuis des années. « Mais ces classements sont très suspects, vous savez, il ne faut pas les prendre pour argent comptant, ils sont manipulés par les Américains », disent leurs détracteurs.

Il n'est pas certain que « dégraisser le mammouth » soit la bonne expression en ce qu'elle renvoie à une logique productiviste incongrue. Mais l'étouffement rageur des conservatismes obtus et arrogants ferait vraiment du bien.

Au passage, les écoles de commerce ou de management ne sont pas en reste : fabriquent-elles des « chefs » éclairés ? Quel est leur projet en la matière ?

Attirer les meilleurs sur un plan académique pour leur classement international et les ressources et les réseaux que ça leur procure… comme quand ils étaient élèves. Fabriquer un serpent artificiel qui se mord la queue pourvu que le satané classement s'améliore ? Ubu n'aurait pas rêvé mieux.

Et, comme on peut l'imaginer, les parents contribuent largement à cet état de fait, par insécurité, par prolongement de soi, par angoisse, par esprit de revanche.

Avec tout ça, et dans un océan de bonne conscience voire de bonne volonté, comment prétendre fabriquer des citoyens éclairés, comment réussir à fabriquer des chefs et des non-chefs inspirants ? Tous les constats sont établis. D'innombrables études montrent la faillite programmée du système.

Le moment est venu de cesser de réfléchir et de gloser. Il faut agir courageusement.

Et les modèles ne manquent pas, d'Europe du Nord au Québec.

La parité d'accord, mais…

La féminisation des instances dirigeantes apporte le vibrant témoignage de la grande difficulté à passer des discours bien-pensants à la réalisation et l'action. On en viendrait presque à douter de leur sincérité. Et dans bien des cas, on aurait encore raison !

La parité d'accord, mais dans les faits…

Jusqu'à maintenant, des assauts de démagogie ont généralement produit des écrans de fumée sans pourtant percer le plafond de verre.

Mais quand même, ça dépend où. Quelques lueurs d'espoir çà et là, et particulièrement dans les années qui viennent de s'écouler, à la faveur sans doute de la mobilisation de plus en plus bruyante des femmes elles-mêmes, non pas tant constituées en mouvement féministe revendicateur mais en « individues » résolues, mûres et « affrontantes ». Même si le correcteur d'orthographe de l'ordinateur refuse encore d'accepter ces écritures ! Grâce aussi aux coups de pouce de certaines institutions ayant objectivement davantage besoin de la parité que d'autres. Les situations sont donc contrastées, selon que le regard se porte vers l'entreprise (et ses différents niveaux), la famille, l'hôpital, le monde politique, etc.

Par exemple, dans de multiples cas de distribution des activités par sexe, les femmes l'emportent largement : du côté des soignant(e)s, des psychologues, des juristes, des enseignant(e)s… Généralement du côté des métiers en rapport avec les personnes, du côté du *care*. Surtout s'il s'agit d'intervenir auprès d'enfants ou de seniors. Comment rencontrer des figures masculines aujourd'hui quand on est un enfant ? En se confrontant à la police ?

À l'inverse, les postes élevés dans les grandes entreprises, les mandats d'administrateur, *a fortiori* les directions générales, les postes universitaires sont majoritairement tenus par des hommes. Une femme générale : quelle affaire !

On pourra objecter que les choses sont en train de bouger du côté de la parité. Tant mieux, mais beaucoup reste à faire.

Et, de grâce, en évitant de mettre en situation de cheffe des femmes qui n'en ont pas les qualités. Nous évoquons là les nominations d'ambassadrices par exemple, du fait qu'elles sont femmes, juste pour remplir on ne sait quel quota ou objectif de discrimination positive, en s'interdisant d'alimenter en les généralisant « toutes les bonnes raisons pour lesquelles les femmes ne peuvent pas... ».

L'équivalence ou les différences entre sexes demeurent toujours aussi polémiques et idéologiquement difficiles, même à évoquer. Ce n'est pourtant pas que nous manquions de modèles : la structure sociale matriarcale des éléphants, par exemple.

Chaque société, en fonction de ses contraintes et de son histoire, définit des places qu'elle répartit par sexe, même si des femmes tiennent des rôles traditionnels d'homme et inversement. Aujourd'hui, ce besoin de définir des fonctions sexuées n'existe quasiment plus. On découvre même progressivement que les femmes de la préhistoire jouaient un rôle beaucoup plus important que celui dont on les créditait jusque-là, et dans tous les domaines usuellement reconnus aux hommes : chasse, conflits, peintures rupestres, etc.

Que les femmes soient « en responsabilité » (différence avec le titre de « chef » que les hommes viseraient) n'a que des avantages étant donné leur rapport au pouvoir qui n'est pas fondé sur la différence anatomique, conduisant à un éperdu besoin de réassurance, avec la peur archaïque de la castration. Étant aussi entendu, accessoirement, qu'elles représentent la moitié de l'humanité.

Au fond, il circule encore beaucoup d'idées pièges sur cette question. La plus courante étant que l'homme et la femme, c'est la même chose. « Ne cherchez pas, c'est pareil », disent certain(e)s. Eh bien non ! Rien de plus pernicieux que ce qui s'apparente de très près au racisme, en ce que les différences seraient insupportables. Non, l'homme et la femme, ça n'est pas pareil. C'est différent. Et l'idée n'est pas de nier ce fait, mais de le reconnaître au contraire, et du coup d'en tirer profit.

Certes il y a du féminin dans l'homme et du masculin dans la femme. Il en a fallu du temps pour l'établir, et encore plus pour l'admettre. Mais c'est un fait. Alors, parlons du féminin et du masculin, plus que de femme et d'homme, en dehors des aspects anatomiques bien entendu... Et c'est dès la naissance que cela s'établit.

En revanche, que la femme doive être considérée comme l'égale de l'homme en droit et en usages, c'est incontestable. Continuons le combat.

Jusqu'au point où on ne fera plus la une des journaux avec une femme-alibi qui vient de prendre une responsabilité importante. Juste parce que c'est une femme.

CHAPITRE 5

Et pourtant, il faut s'y mettre rapidement

Attention, danger

Nous venons de passer en revue ce qui risque de se produire si rien n'est fait, c'est-à-dire si on ne travaille pas suffisamment à trouver des mécanismes d'autorité légitimes adaptés aux besoins de l'époque.

Si la question de l'autorité continue d'être pensée en termes de poncifs simplistes comme on les entend trop souvent énoncés (et de façon recrudescente, d'ailleurs), alors il y aura schématiquement les chefs dans les tours de la Défense et la haute administration, un nombre croissant de Français dans la rue, une quantité non négligeable de candidats à l'émigration et une masse prête à toutes les aventures pourvu qu'on lui parle d'elle et de ses peurs.

La décorrélation entre les uns et les autres risques de conduire à la révolte ou à la démission à grande échelle. Ce qui est observé d'ailleurs dans un certain nombre de familles.

À force de fabriquer des chefs de plus en plus inadaptés aux évolutions très rapides de nos sociétés, ceux qui en dépendent le supportent de moins en moins, dans l'entreprise, dans la société, à la maison. Chacun de ces ensembles, jusqu'à maintenant, était un écosystème turbulent, certes, mais qui comportait ses dispositifs d'équilibrage. Les syndicats, par exemple, permettaient la récupération systématique des mouvements sociaux. On savait à qui parler. Les tiers familiaux, comme les grands-parents ou les parrains et marraines, jouaient aussi ce rôle de médiateur pour les enfants.

La « crise » récente a mis au jour une nouvelle donne : toute représentativité est bannie, personne n'a le droit de parler à la place de quiconque. Seule compte la parole de chacun.

Pour cette fois, la grogne s'est asphyxiée par incapacité de trouver une forme politique. Mais les populismes de tout poil sont en embuscade, prêts à la récupérer.

Et en attendant, comme c'est clairement en train de devenir le cas aux États-Unis, ils auront coupé le pays en deux parties peu enclines à « vivre ensemble ».

Et les exemples abondent : le Royaume-Uni coupé en deux par le Brexit, l'Allemagne sur les questions d'immigration, la Tunisie sur celles de la place de l'islam en politique, etc.

Quand vous êtes l'État, donc, comment parlez-vous aux milliers de citoyens dont le mécontentement personnel a des raisons légèrement différentes de celles de son voisin ?

Un sentiment d'inadéquation voire d'injustice en résulte, comme la mise en garde adressée de fait à un enfant quand elle est dite à l'ensemble de la fratrie ou à tous les élèves de la classe, à l'école. Ou encore quand une remarque est faite à l'équipe entière en réunion professionnelle, à cause du retard de deux ou trois personnes, les autres ayant respecté l'horaire.

Le paradoxe, encore un, est que l'autorité menacée équivaut à un désordre et des conflits assurés. Pour autant, il faudrait être bien naïf pour croire au retour de l'exercice de l'autorité « à l'ancienne » qui ne serait pas assumée, acceptée et, par essence, complexe.

En d'autres termes, le glas a sonné pour le chef d'antan où qu'il pense régner.

L'accélération évoquée plus haut transforme les attentes en exigences : c'est à court terme qu'il faut trouver de nouvelles manières d'exercer l'autorité faute de quoi la stabilité des organisations familiales et collectives sera menacée et les déceptions de nos contemporains au rendez-vous. Tous les événements politiques récents témoignent bien de ce dérèglement. Et le mal-être à la maison comme en milieu scolaire en témoigne aussi à sa manière.

C'est la fin des modèles. Pas d'espoir – et c'est tant mieux – de trouver un modèle unique. Nous en sommes les orphelins déroutés.

Il va falloir faire preuve d'imagination et de créativité collective pour inventer de façon adaptée de nouvelles modalités plurielles d'exercice de l'autorité, de manière à tenter de redresser la barre en matière de relations sociales, de méthodes d'enseignement, d'exercice parental. Et les modes d'emploi vus plus haut comme inutiles et défaillants ne peuvent représenter un recours utile.

Les instances dont c'est la vocation (écoles, *think tanks*, forums) ne donnent vraiment pas encore les signes d'un changement à la hauteur des enjeux. Une fois de plus, le terrorisme écrasant du conformisme et de la « bien-pensance » empêche sans doute de se projeter autrement. Et de s'adapter aux changements du monde.

Accessoirement, la question de l'autorité s'attaque dangereusement aux fondements du capitalisme, d'où la répugnance affichée à s'atteler au sujet. Curieusement, le Medef vient de déclarer qu'il lançait une réflexion sur la bonne fin du système capitaliste. Rien que ça !

On en viendrait presque à rêver que l'éruption – ô combien désordonnée (et si peu technocratique) – des Gilets jaunes ne soit le ferment d'une « *méthodo* du *change* » !

Changer ne serait possible que sous la contrainte de la réalité qui évolue (et c'est le cas actuellement), et par un gigantesque retournement de la direction des forces, du bas vers le haut plutôt que du haut vers le bas.

D'ailleurs, même l'armée, face aux nouvelles menaces, s'aventure dans des paradigmes organisationnels différents : l'autonomie de décisions dans un cadre préparé et en lien avec les autres acteurs. Écoutons ce qu'en dit un général (décidément, ils ont une tendance naturelle à s'exprimer sur l'autorité) à partir d'une expérience très spécifique :

« Mon ADN est celui des relations humaines : l'énergie, l'enthousiasme, l'émerveillement et l'esprit d'équipe… Prendre les gens comme ils sont, pour gagner ensemble. » Il poursuit en soulignant que ce sont à ses yeux les « valeurs du rugby, des vendanges. Le moteur, ce sont les hommes. Mon plan de vol pour les ressources humaines, c'est de promouvoir un aviateur acteur de son parcours et de son avenir. [...] Il faut entrer dans l'ère des ressources humaines 4.0[1]. »

Tous seront forcément d'accord avec lui ! Comme le patient soi-disant acteur de ses soins. Ou l'enfant artisan de son projet de vie... « Mon », « moi », « je »...

Ceux qui cherchent à repenser la question de l'autorité devront quand même prendre des cours accélérés d'humilité en se souvenant que le développement personnel est étroitement dépendant des autres. En solo, vous créez l'enfant sauvage ! C'est là sans doute le premier défi : avoir réglé la question du « MOIJEUH ».

On n'insistera jamais assez sur le danger de ces discours stéréotypés, politiquement corrects, farcis du vocabulaire de l'époque. Ils occultent la complexité de l'opération de transformation nécessaire.

Y a qu'à, faut que... Les beaux discours incantatoires, ça suffit !

Ainsi que l'accréditation automatique « a le droit de parler de l'autorité », parce qu'il a été militaire. Même si bien sûr, la question concerne aussi cet univers dès lors qu'il accueille la génération des *millennials*. Et qu'il doit s'y adapter à défaut de pouvoir le façonner à l'ancienne.

La décorrélation entre l'accélération du monde et la mise en œuvre des représentations de l'autorité conduit inévitablement au grand écart et donc, à terme, au risque de rupture, à défaut d'en prendre soin.

1. Interview dans *Le Figaro* du général Philippe Lavigne en septembre 2018.

Une urgence pour demain

Certes.

Mais ce demain lui-même est suspect.

Il invite nombre de nos contemporains à la procrastination, renvoie aux calendes grecques et désamorce tout sentiment d'urgence.

Une urgence pour demain est une sorte d'oxymore : c'est urgent, mais plus tard, dans un horizon de limbes indéfinis. Alors, c'est quand demain ?

Ce qui est sûr, c'est qu'il faudra du temps ! Pour au moins deux raisons et des conditions actuellement non réunies.

En premier lieu nous ne savons pas quand les approches éducatives conduisant à l'éclosion de nouveaux modèles de chefs auront bénéficié d'une profonde transformation. Rien ne permet aujourd'hui d'en établir le calendrier, ni même l'intention réelle. Les expérimentations d'offres pédagogiques différentes restent localisées, parfois mises en avant, mais comme l'observation, de loin dans une vitrine, d'objets inatteignables. Leur généralisation bousculerait trop de systèmes bien installés inscrits dans la répétition de l'existant familier. Et par ailleurs, elle ferait fi de la dépendance d'une pratique à la corrélation nécessaire entre l'enseignant et sa méthode pour espérer des effets positifs. D'où la complexité du sujet et son caractère explosif devant lequel beaucoup de responsables ont reculé.

Le système éducatif ne pourra faire son *aggiornamento* que quand il sera en résonance avec les évolutions de la société. Et ça, ça va prendre du temps.

Pour être clair, il risque bien de se passer une voire deux générations entre le changement de logiciel éducatif et son intégration concrète par la classe d'âge en situation d'exercer l'autorité. Les bébés d'aujourd'hui sont les enseignants de demain ! À nous tous de les préparer à des modalités d'exercice différentes.

Or la demande sociétale commence dès aujourd'hui à exercer une pression forte sur nos habitudes. Et la concurrence des pays voisins d'Europe du Nord et d'Asie en particulier se fait sentir de plus en plus.

En attendant que cela advienne, beaucoup d'eau aura coulé sous les ponts et beaucoup de décalages auront pu s'installer.

Mais pour éviter de sombrer dans un « déclinisme » neurasthénique, il n'est pas trop tard pour réagir vigoureusement. Désormais, c'est la volonté politique qui doit s'exprimer.

En deuxième lieu, il faut aussi mettre en œuvre dès à présent des solutions pratiques et de nouvelles manières de nous y prendre pour l'avenir des bébés d'aujourd'hui. C'est d'ailleurs là que s'expérimentent le plus de modèles évolutifs d'exercices de l'autorité. Et ça, il est possible de le réaliser dès maintenant à condition d'en avoir la volonté politique et d'avoir suffisamment sensibilisé les parents au rôle déterminant qu'ils peuvent jouer. Plutôt que de continuer la course folle aux bonnes notes et aux jeux productifs, réhabilitons le jeu « juste pour le plaisir » du partage, sans gagnant ou perdant, d'où découle celui de penser et d'apprendre. Mais c'est pour des résultats dans vingt ans ! Alors, sans écarter ces rêveries prospectives, revenons-en à l'actualité…

Un exemple entre mille : le statut social et le niveau de salaire des professionnel(le)s de la première enfance. Ils donnent une bien piètre idée de l'importance qui est accordée à cette période de la vie pourtant essentielle car constituant les bases de la personnalité de l'enfant et de son rapport aux autres et au monde.

Et pourtant, il ne doit pas être trop compliqué d'enrichir rapidement ces métiers. Enrichir dans tous les sens du terme, en formation initiale et continue, comme en rémunération et en exigence pour y attirer des talents. Certes, le profit ne sera pas évaluable avant la fin du mandat des politiques qui s'engageraient dans cette voie.

Donnons dès à présent la priorité au soin à apporter aux tout-petits !

Tant que nos représentations s'ingénieront à suivre Bercy, les financiers, les actionnaires et les rentiers, en un mot, les « court-termistes » ; tant que nos états d'esprit seront obsessionnellement accrochés au signe moins (moins de coûts, moins de prix, moins de salaires, moins de pouvoir d'achat, moins de consommation, moins, moins, moins…), tant que nous fonctionnerons dans le court terme, renvoyant aux politiques suivants les décisions qui s'imposent, nous continuerons à nous enfoncer dans la médiocrité, à être incapables de « mettre le paquet » là où c'est important.

Et nous reproduirons les schémas d'antan, de plus en plus inadaptés.

Pourquoi faudrait-il des chefs ?

Les exemples de sociétés sans chef abondent.

En voici deux, parmi tous.

« Au Moyen Âge et pendant la Renaissance européenne, des milliers de villages disposaient d'une assemblée d'habitants où se prenaient en commun les décisions au sujet de la collectivité. Les “communautés d'habitants”, qui disposaient même d'un statut juridique, fonctionnèrent sur le mode de l'autogestion pendant des siècles. Les rois et les nobles se contentaient de gérer les affaires liées à la guerre ou à leur domaine privé, d'administrer la justice et de mobiliser leurs sujets par des corvées. Les autorités monarchique et aristocratique ne s'ingéraient pas dans les affaires de la communauté, qui se réunissait en assemblée pour délibérer au sujet d'enjeux politiques, communaux, financiers, judiciaires et paroissiaux[1]. »

Ailleurs, loin de chez nous, les Nuer, tribu du Soudan du Sud, vivent essentiellement de leur bétail et n'utilisent que des techniques rudimentaires. Ils se déplacent au gré des saisons et des mouvements des animaux et se constituent ainsi en groupes plus ou moins importants selon les besoins des bêtes : dispersés en petit nombre le long des cours d'eau durant la saison sèche et rassemblés en village pendant la saison des pluies. On dit que les Nuer sont constitués en une « anarchie ordonnée » où les situations de conflit sont nombreuses.

---

1. Francis Dupuis-Déri, *Démocratie, histoire politique d'un mot*, Montréal, Lux, 2013.

Pour départager les litiges (du vol aux crimes de sang en passant par la prise d'otages – d'homme ou de bétail), « l'homme à peau de léopard » occupe une place de médiateur. Sans détenir un véritable pouvoir de coercition, il est appelé à trancher certaines situations. Il est le seul à détenir une position particulière au sein du groupe, même s'il ne décide pas des moments où il peut intervenir[1].

On voit bien que la question de l'existence du chef n'appelle pas une réponse universelle. De multiples exemples, réussis et ratés, montrent que notre conception du chef et de son rôle est essentiellement idéologique et culturelle. Et conjoncturelle. Il faut relire *L'Île*, ce roman de Robert Merle qui reprend la thématique des révoltés du *Bounty* et rapporte les tentatives de mise en place d'une organisation de groupe suffisamment acceptée par ses membres (ou subie par certains d'entre eux) pour tenter de vivre ensemble. Les enjeux de pouvoir sont omniprésents et les modèles connus par chacun, par leur diversité, ne peuvent que déboucher sur d'intenses conflits, faute d'une autorité régulatrice reconnue. L'apprentissage de la vie en société ne se fait pas en un temps réduit. Les transmissions entre générations de savoir-être et savoir-faire ensemble en sont une des conditions.

Elles ne s'imposent pas comme une évidence.

Mais alors, pourquoi notre société occidentale est-elle encore si attachée à la notion de chef ?

Est-ce l'ancienneté de ce modèle ? le besoin de la représentation d'une fonction paternelle ? parentale ? un modèle identificatoire, interdicteur ? le Surmoi, l'idéal du Moi ?

1. Edward Evan Evans-Pritchard, *The Nuer : A Description of the Modes of Livelihood and Political Institutions of a Nilotic People*, Oxford, Clarendon Press, 1940.

Est-ce que, dans cet océan de complexité qu'est la vie, le chef rassure, donne confiance ? Est-ce qu'il représente l'ancre du bateau dans la tempête, le garant de la musicalité de l'orchestre, même si, comme dans certaines formations, il n'y a pas de chef explicite ? De fait, il y en a toujours un qui s'impose ou une figure qui est investie de ce rôle.

Est-ce que, finalement, le chef n'est pas celui à qui il est possible de s'opposer, pourvu qu'il tienne bon et que cette possibilité soit reconnue ?

Derrière l'homme civilisé se trouve le mammifère, soumis en partie à l'influence des hormones et à un programme génétique (même si le programme peut évoluer heureusement en fonction de l'environnement, ce que l'épigénétique nous montre). Il pourrait donc être tentant d'attribuer le besoin de chef à on ne sait quel ordre de la nature. Le dominant serait recherché pour ses qualités sélectives pour la perpétuation de l'espèce. Le chef serait le révélateur de tous nos archaïsmes persistants. Une étape dans l'évolution humaine, en attendant mieux ? Allons voir chez nos cousins éloignés ce qu'il en est[1].

Bébé gorille deviendra grand

Un gardien de zoo avait décidé d'élever deux bébés gorilles, un mâle et une femelle. Il les entoura des mêmes attentions qu'il aurait prodiguées à ses propres enfants, les alimentant, les câlinant, jouant avec eux de longs moments

1. Patrice Huerre, Martine Pagan-Reymond, Jean-Michel Reymond, *L'adolescence n'existe pas*, *op. cit.*

dans leur cage. Leurs relations tout empreintes de douceur se poursuivirent au fil du temps de croissance des animaux. La jeune femelle devint pubère à l'âge habituel, tandis que le jeune mâle continuait à se présenter avec toutes les caractéristiques de l'enfant alors même qu'il en avait depuis longtemps dépassé le terme. Le gardien, prenant sa retraite, dut un jour quitter le zoo, à son grand regret. Peu de temps après cet événement, on assista à une poussée de croissance du gorille mâle qui acquit rapidement toutes les caractéristiques de l'animal adulte. Le départ de son papa-chef laissant vacante la place dominante, il en prit possession à tel point que, lorsque le gardien voulut, quelques semaines plus tard, prodiguer d'affectueuses caresses à son ancien protégé, il n'eut que le temps de quitter la cage à présent territoire d'un autre. Le chef, ce n'était plus lui !

À une situation particulière gênant le développement naturel répond une immaturité prolongée en attente d'un espace disponible ou, comme dans d'autres cas, à la conquête du pouvoir par la force : *Tu quoque mi fili.*

On aimerait chasser l'archaïque en nous, l'animal. Mais il est bien là toujours. Comment composer avec lui de façon humaine ?

Tout cela est sans doute vrai et, à la fois, beaucoup plus complexe.

Par conséquent, si nous admettons que l'existence d'un chef est indispensable à tout système organisé, il va falloir réinventer la définition même de sa nature et de son rôle pour enrayer le mécanisme de divergence actuel entre les élites et le corps social, entre les chefs et les citoyens, entre les parents et leurs enfants.

Cessons de chercher à éliminer les chefs, travaillons à en fabriquer qui soient plus adéquats aux évolutions sociétales. Car, c'est de plus en plus visible, la décorrélation est délétère.

CHAPITRE 6

Un chef, mais comment ?

Les attitudes d'abord...

Tout d'abord, il importe d'ouvrir, de décloisonner.

Profiter de la diversité des apports autour d'un même thème (famille, entreprise, État) alors que l'entre-soi est souvent préféré.

Risquer le métissage, les apports incongrus d'autres disciplines, d'autres domaines, d'autres générations, le brassage, l'oxygène. L'ouverture, le croisement des regards.

Le chef doit organiser les conditions permettant l'expression de la diversité des points de vue (l'intelligence collective) en s'assurant de leur mise en musique. Il est le garant de la fertilisation. Tant au plan politique que dans les entreprises ou les familles.

Stop, pour un moment, aux petites cases, aux organigrammes, au « bien rangé », au conformisme. Stop au recours systématique aux pseudo-experts, au scientisme, à la consanguinité. Stop à la valorisation unique de l'atteinte du but au mépris de l'enrichissement tout au long du chemin. Stop au recours excessif au principe de précaution et à la glorification des hiérarchies intermédiaires étouffantes.

Ensuite, il serait bon de cesser de réinventer la roue.

Notre passé, si nous daignons y accorder un peu de crédit, est riche de tentatives, d'idées novatrices, d'expérimentations structurantes. Simplement, elles sont passées aux oubliettes, dans le grand laminoir de l'immédiateté. Chaque génération prétend, faute de références recherchées, découvrir ce qui a été dit, pratiqué ou écrit parfois des siècles auparavant et dont il serait intéressant de tirer des enseignements !

Prenons un exemple. Il y a quarante ans (dans un temps donc réputé immémorial), un grand groupe français avait pris le parti de repérer quelques cadres prometteurs et de les envoyer avec leur famille pendant un an dans des pays où le groupe n'était pas implanté, sans but précis. Ils devaient simplement commencer à apprendre la langue, se familiariser avec la différence et humer la manière locale de penser et d'agir auprès de personnes dont ils avaient glané les coordonnées. Pas une étude sociologique systématique. Juste de quoi établir, au retour, un rapport d'étonnement. Et accessoirement se mettre sur les rangs si, d'aventure, le groupe décidait d'aller s'y implanter. Il est à craindre qu'aujourd'hui nos contrôleurs de gestion en chef en feraient une crise cardiaque ! Le projet Erasmus pour les étudiants est de la même veine, hélas trop peu utilisé et développé. Comme les échanges entre écoles, collèges et lycées de pays différents.

Et puis comment ne pas favoriser la créativité ? À tous les niveaux de la hiérarchie. Susciter l'émergence de communautés à ne pas étouffer par des règles trop contraignantes.

Généraliser le codéveloppement, l'animation. Je te dis : tu entends ; je t'explique : tu comprends ; je te fais participer : tu adhères. Exiger du management intermédiaire qu'il mette fin à trop de pratiques verticales et qu'il promeuve le travail en groupe. La contamination croisée.

Le chef anime, mais aussi il décide en fin de compte car c'est lui qui prend les risques.

Sur ces questions, l'interview donnée par la précédente directrice générale d'Engie, Isabelle Kocher, est édifiante[1]. À propos de l'intérêt de favoriser l'émergence de communautés indépendantes du « chef » et de remettre en question le pouvoir exercé verticalement, elle évoque leur création autonome, « jamais sur une injonction venue d'en haut », dit-elle, qu'il s'agisse de celle « des manageurs qui sentent qu'ils doivent transformer la notion de leadership, de celle des plus jeunes centrés sur la sobriété énergétique et des modes de vie compatibles avec le zéro carbone, ou encore de celle des femmes qui veulent mieux faire entendre leur voix ».

Au passage, en voilà une qui a manifestement fini par déplaire aux mâles dominants environnants, peu sensibles à l'environnement… Il n'est pas dit que penser autrement soit toujours bienvenu.

Certains autres responsables (par exemple Danone, Accor) tentent d'anticiper les changements à venir, savent en saisir la nécessité et sont considérées comme des « capteurs de l'époque » par les uns ou à écarter par les autres. Il s'agit bien d'inventer et de mettre en place des modes souples et déliés d'organisation, de recomposer les chaînes de décision en considérant que la coordination des acteurs du groupe est

1. Isabelle Kocher, interview dans *Le Figaro Madame*, 14-15 septembre 2019.

plus efficace qu'une pyramide hiérarchisée. Que la fluidité des informations soit la règle. Trente-huit pour cent des dirigeants pensent que leur fonction aura disparu d'ici cinq à dix ans[1].

Enfin, écouter.

Écouter sans relâche… et prendre en compte. Écouter avec sincérité car la nouvelle génération déteste le faux-semblant ! De ce point de vue, combien paraissent surprenantes les déclarations de la directrice générale d'Air France qui disait en substance que le management, c'est « influencer ». Diantre ! Que voilà un plaidoyer pour la manipulation ! Et la bonne nouvelle, c'est que ça n'a aucune chance de marcher.

Dans la famille, c'est évidemment plus compliqué ! Il faut se mettre à l'écoute des enfants et donc y passer du temps, aller voir de plus près ce qui les intéresse. Ainsi par exemple dans l'usage si décrié des jeux vidéo qui seraient à l'origine de tous les maux, s'intéresser à ce qui captive à ce point son enfant permet un échange et une meilleure compréhension de ce qui l'anime et le motive. Avant toute limitation éventuelle de leur usage. Les associations de parents d'élèves, l'école des parents, les psys, les enseignants devraient tous s'unir pour promouvoir une démarche de sensibilisation à ces enjeux[2]. On peut imaginer une journée dans ce but en début d'année scolaire : faire connaissance avec son enfant !

Pour les plus jeunes, les caisses d'allocations familiales tentent de contacter et toucher une majorité de parents de bébés et d'adolescents pour bien faire comprendre qu'il n'y a pas de recette universelle pour être parent, avec des petits livrets tout simples (pour les premiers, remis avec le carnet de

---

1. Étude du Boston Consulting Group, septembre 2019.
2. Patrice Huerre (dir.), *Faut-il avoir peur des écrans ?*, *op. cit.*

santé, et pour les autres, envoyés à l'entrée en collège) afin d'aider à reconnaître les différences, les accepter et déterminer sa manière singulière de faire.

Le court terme… et après

D'abord, les chefs, nous entendons dire qu'ils ne sont pas ceux qu'il faudrait, mais ils sont déjà là.

Et ils sont nécessaires, nous venons de le voir. Oui, mais lesquels ?

Les modèles ancestraux d'exercice de l'autorité auxquels ils se réfèrent bien souvent ne marchent plus.

Après avoir été fortement contestés en 1968, ils font aujourd'hui moins l'objet d'un rejet frontal que d'indifférence, comme une donnée du passé à conserver au mieux dans certains espaces de vie, tels des témoignages historiques dans un musée.

Le chef serait ringard, en quelque sorte. On peut s'en plaindre, manifester d'éternels regrets que ça ne soit plus comme avant, rappeler toutes les éminentes qualités des modèles d'autorité antérieurs, faire des conférences dans la France entière sur les exemples tirés du passé devant un parterre de petits entrepreneurs conquis, rien n'y fait : ça ne marche plus.

Un grain de sable s'est introduit dans le mécanisme de la cohésion relative entre les chefs et leurs administrés alors que, finalement, bon an mal an, existait un consensus relativement apaisé. Ou en tout cas considéré comme établi.

Bien sûr, il y avait des crises, des négociations jusque tard dans la nuit, des pneus qui brûlaient devant les usines, des comités d'entreprise envahis par une délégation syndicale bien remontée, des crises dans les familles et des portes qui claquaient. Mais ça finissait quand même par se tasser car tous les acteurs avaient une même interprétation des règles du jeu, si ce n'est de son séquencement.

Pour avoir vécu de très près des événements tels que ceux qui sont évoqués ici, le ton de la « jacquerie » des Gilets jaunes a été d'un tout autre ordre.

Plus violent. Plus haineux. Plus définitif. Quand les micros des chaînes d'info commencent à capter des menaces *ad hominem*…

Ce n'est plus représentatif de cette ardente nécessité de réviser le logiciel du pouvoir.

Alors ?

À ce stade, nous verrons ce qu'il est possible de faire à court terme, et les actions à conduire pour préparer le long terme dans un deuxième temps.

Accepter de jouer un rôle différent

D'abord – comment le dire autrement ? – il va falloir que « les vieux » s'adaptent. Qu'ils acceptent de changer. Dans tous les domaines. Écoutons un récent sondage sur les caractéristiques que les lycéens recherchent chez leurs professeurs : le respect des autres, une humeur stable, des critères de jugement clairs et permanents, une compétence, un amour de son activité. Ça semble frappé au coin du bon sens, et serait sans doute approuvé à propos des parents aussi et pourtant…

Dans la famille, l'interchangeabilité des rôles du père et de la mère est aujourd'hui fréquente, alors qu'elle était inimaginable il y a peu encore. Nos grands-pères, et leurs ascendants moins encore, n'auraient jamais pensé à changer les couches de bébé ou lui donner le biberon, sauf en cas de nécessité extrême. Ne parlons pas des tâches ménagères toujours inégalement réparties… Ou de la grossesse encore réservée aux femmes ! Mais pour le reste, selon les moments ou les sujets, l'alternance des rôles devient de plus en plus la règle. À l'exemple des pingouins couvant chacun son tour les œufs des futurs petits. Ou des pères solos, sur les traces des mères seules, qui doivent assurer les fonctions maternelles autant que paternelles[1]. N'oublions pas que quelques décennies en arrière, une psychanalyste largement reconnue comme Françoise Dolto pouvait trouver étrange, voire signe d'un problème, que des pères s'occupent du *nursing* de leur progéniture de moins de 3 ans !

Les chefs ne pourraient-ils pas préparer le café pour leurs collaborateurs ou faire eux-mêmes des photocopies sans se sentir dévalués ? Une petite dose d'humilité ne serait-elle pas bienvenue ? Les attributs n'importent-ils pas moins que la responsabilité liée à la fonction ?

On n'insistera toutefois jamais assez sur le fait que tout ressemblera à des gadgets démagogiques si ces nouvelles attitudes ne sont pas motivées par de la sincérité, une fois de plus. Reconnaissons le caractère hautement paradoxal de cette injonction (soyez sincère !), mais si on ne l'est pas, sans doute vaut-il mieux éviter d'être chef.

N'est-il pas temps, en effet, dans la foulée de ces changements, de revoir les modes d'emploi du chef, à condition qu'ils s'accordent avec ce qu'il pense vraiment ? Et d'en finir avec

1. Patrice Huerre, Christina Pellé-Douël, *Pères solos, pères singuliers*, Paris, Albin Michel, 2010.

l'autorité en faux nez qui conduit aux vœux démagogiques en fin d'année ou au compliment du parent à son enfant « créatif » parce qu'il a recouvert le mur du salon d'une fresque colorée et de pâte à modeler…

Accepter la critique constructive

Ainsi est-il utile d'envisager la recherche de la critique constructive comme consubstantielle au rôle de chef. Et convenons que certains n'adorent pourtant rien tant que de recevoir des roses et du miel de la part d'une cour d'obligés serviles. Comme ces parents qui recherchent les compliments de leurs rejetons : « Mon père, il est cool. J'ai de la chance ! » Négligeant le malheur de ne pas entendre exprimée la pensée réelle dudit père.

La quête d'une contestation dialectique apparaît essentielle, comme l'enseignaient déjà Platon et Socrate, et donc, l'exercice d'une autorité qui ne procède pas par dires du haut, mais reconnaît au contraire le caractère positif d'une contribution critique.

Allons à la faculté. Un amphi rempli d'étudiants. L'enseignant déroule son cours sous les cliquetis des ordinateurs des auditeurs enfin autorisés à les utiliser. Il parle d'un événement important ayant eu lieu en 1832. Un étudiant intervient peu après, manifestant publiquement son désaccord après avoir consulté Internet en direct : « Désolé, monsieur, mais ce n'est pas en 1832, mais en 1831. » A-t-il raison ou tort ? La réaction du professeur, figure d'autorité, au moins dans sa discipline, est déterminante. Va-t-il se vexer et remettre en place vertement l'insolent ? S'enquerra-t-il des sources de cette donnée et de leur validité, indiquant ainsi le chemin le plus sûr pour les recherches bibliographiques à venir ? Et si l'étudiant avait raison, sera-t-il capable de le reconnaître en le remerciant pour cette précision en soulignant combien, tout au long de sa vie, chacun doit pouvoir remettre en question ses connaissances, lui y compris ? Car nous ne sommes plus à une époque où il était possible de prétendre, souvent abusivement, détenir une connaissance exhaustive du monde. Il importe davantage à présent d'être capable d'exercer un sens critique suffisant pour effectuer les recherches dans une somme quasi infinie d'informations. Le monde présente désormais trop de complexité pour laisser espérer embrasser toutes les données et donc diriger seul[1]. Certains parents vont même jusqu'à s'auto-invalider parce qu'ils n'auraient pas la compétence de leur enfant avec les outils numériques.

Il convient donc de repenser les circuits de communication entre sachant et apprenant. L'organisation de circuits remontants, descendants, horizontaux matérialisés par un maximum de travail en groupes devrait être la règle. Cette irrigation constante de ceux qui doivent faire des choix ne peut que contribuer à un éclairage plus précis des enjeux à l'œuvre et des options opportunes à soutenir.

Tout ce qui fait la part belle à plus d'autonomie dans la confiance est pourtant bien connu des pédagogues depuis des lustres, de Montessori à l'Institut Pikler[2] en Hongrie (Loczy), en passant par Freinet, comme des parents quand ils s'appuient sur ces façons de voir et de promouvoir les compétences de l'enfant. Mais ça n'apparaît que tardivement dans la relation

1. Vincent Martigny, *Le Retour du Prince*, Paris, Flammarion, 2019.
2. Emmi Pikler, *Se mouvoir en liberté dès le premier âge*, Paris, PUF, 1979.

au travail entre salariés et dirigeants. La sociodynamique avait largement ouvert cette brèche dans laquelle s'est engouffrée la notion d'« entreprises libérées », popularisée en 2012[1], comme « entreprise où la direction va essayer de créer les conditions permettant aux équipes de grandir et de se réaliser », passant par l'abandon de l'organisation pyramidale au profit d'« espaces collaboratifs » et de « gouvernance partagée ». Cela ne ressemble-t-il pas étrangement à un projet éducatif parental contemporain ?

Nourrir la prise de décision

Si l'on ajoute à cette recette le recours à des tiers, non pour décider mais pour donner un avis extérieur, le gain est flagrant. Qu'il s'agisse de supervision ou d'analyse des pratiques dans les équipes de soins ; d'amis, parrains, marraines, ou grands-parents dans les affaires familiales ; de médiateurs dans les conflits conjugaux ou institutionnels ; d'instances et de consultants extérieurs dans les entreprises… toutes et tous facilitent la prise de décision. Durant la crise sanitaire de 2020-2021, et quelles que soient les opinions exprimées sur la pertinence des décisions prises, le travail collectif réalisé entre les politiques, les technocrates et les experts a été de ce point de vue exemplaire. On pourra simplement regretter l'absence de forums citoyens permettant l'expression représentative du plus grand nombre.

Ainsi peut-on mieux réguler et rendre fécond le circuit chef/non-chef. À condition que l'élaboration du processus de prise

1. Alexandre Gérard (fondateur de l'entreprise Chrono Flex), Isaac Gertz, *L'Entreprise libérée*, Paris, Fayard, 2017.

de décision donne une place adéquate à tous les acteurs et cherche à les embarquer le plus en amont possible.

Et n'oublions pas que le chef ne l'a pas toujours été : le parent était enfant il n'y a pas si longtemps (même s'il cherche à l'oublier) ; le « patron » a aussi galéré pour obtenir un stage… Il est bon de se souvenir de ce que ces rencontres suscitaient. Des attentes et des déceptions qui en découlaient, du sentiment d'être considéré ou non par son interlocuteur, quelle que soit la réponse fournie. Qui nous a donné l'envie de grandir et d'apprendre ? Qui nous a permis de penser qu'il était possible de faire mieux avec le potentiel dont on dispose ? Chacun doit avoir dans sa mémoire quelques représentants de cette fonction déterminante. Ils ne sont en général pas si nombreux, ceux qui ont joué ce rôle, parfois à leur insu. Rappelons-nous de ce qui a été moteur pour nos investissements et nos choix d'orientation.

Tout cela, au fond, relève d'une question de personnalité, de méthode, d'approche, de représentation et de travail sur soi.

Pour les parents, les magazines abondent, ainsi que les « écoles des parents », créées après-guerre et qui se proposent de les aider pour toutes les questions psychologiques, juridiques et éducatives qu'ils se posent.

Dans les entreprises, on dépense vertueusement des budgets formation dont une part non négligeable au management. Tout le monde y va ?

Non, pas vraiment, car les cadres dirigeants, eux, ont droit à une semaine dans une université anglaise très chic pour écouter religieusement les discours de grandes personnes bien rationnelles qui s'adressent uniquement à leur cortex supérieur, à leur cerveau gauche. Vous n'imaginez tout de même pas qu'ils vont suivre les mêmes programmes que leurs adjoints ! Et encore moins se remettre en cause !

Par expérience, en bientôt trente ans d'exercice professionnel comme consultant, nous avons rarement vu un dirigeant venir s'asseoir dans un séminaire de management.

Ce sont les limites de l'application de recettes non intégrées, plaquées, comme si le changement de vêtement changeait le fonctionnement du dirigeant.

Voilà donc une mesure à mettre en œuvre immédiatement : faire obligation (on saura bien trouver le mécanisme) aux dirigeants de suivre au moins sept jours par an de formation au management reposant pour partie sur la remise en cause personnelle et de la manière de diriger, selon un programme progressif et similaire à celui suivi par l'ensemble des cadres de la société. Et pas un simulacre.

À l'inverse, pour les parents, le travail consiste à restaurer la confiance qu'ils ont perdue dans leur façon de penser l'éducation, car c'est sur ce qu'ils sont, et non sur ce qu'ils aimeraient être, que s'appuie et se construit leur enfant. Les recettes et autres conseils qui seraient valables pour tous dans telle ou telle circonstance sont à bannir, car ils sont très vite déjoués par les enfants, qui cherchent avant tout à savoir qui est leur parent et à quoi il tient vraiment. Et ce dès les premiers temps de la vie.

D'où l'excellente initiative annoncée par Édouard Philippe fin 2019 de travailler sur « les 1 000 premiers jours de la vie ». En verra-t-on les effets ?

Se faire confiance, lui faire confiance

Regardons l'école, modèle de stabilité au travers des décennies dans un monde qui change. Elle devrait fonctionner sur ce même modèle dès les débuts : une idée, un thème sont lancés. L'auto-organisation du groupe d'élèves est sollicitée avec le support des enseignants qui développent la démarche de recherche, le sens critique, l'accueil d'une diversité de points de vue et la distribution d'énergie. Comme un chef d'orchestre avec une baguette, mais pas faite pour frapper. Apprendre en cherchant. Et non pas en écoutant passivement le maître.

Comme à la maison, pour le bébé, on est passé du modèle « voilà comment il faut faire » à la recherche d'adaptation au bébé singulier, tout en lui apprenant qu'il n'est pas seul au monde. Il faut déculpabiliser les parents pour qu'ils admettent de laisser les enfants pleurer un peu sans leur mettre une tétine dans la bouche immédiatement. Remplir, tel est le maître mot. Pour ne pas laisser place aux questions, à l'expression ?

Nous oscillons en France entre le modèle japonais, l'effort collectif, et le modèle américain, la performance individuelle. Même si ce dernier continue d'exercer une fascination y compris, par exemple, dans la fonction publique. N'y est-on pas en train de créer un système de primes individuelles ?

En espérant que les nouveaux parents explorent leur propre modèle sans être ni chef ni copain, car le modèle ancien ne servira pas de guide. Il faudrait que nous (les vieux) leur laissions un peu d'espace, sans pour autant que les grands-parents abandonnent le champ et considèrent qu'ils n'ont rien à apporter.

Résumons-nous, voici quatre grandes idées pour le court terme :

- Prêter une attention forte aux 1 000 premiers jours de la vie et y mettre les moyens humains nécessaires.
- Prioriser l'éducation et la scolarité. Renverser la table, ni plus ni moins. Et cesser d'envisager le changement sous forme de petits pas lents et prudents. N'en déplaise aux Jules Ferry sans cheveux ni moustache.
- Laisser la place aux jeunes adultes pour inventer leur propre modèle d'autorité adapté à l'époque sans qu'ils oublient ce qu'ils ont connu (et d'aider à cela le cas échéant).
- Développer la construction des passerelles entre l'entreprise et le monde de la famille : du télétravail aux déjeuners thématiques sur des sujets sociétaux jusqu'aux relations écoles/entreprises. Voilà bien des mesures que les DRH pourraient mettre en œuvre.

Et pour préparer demain ?...

Parlons à présent de la préparation du long terme.

De celui que les politiques disent vénérer et qu'ils détestent à la fois. C'est trop éloigné des échéances électorales suivantes...

« Ah, si je pouvais laisser une trace indélébile dans l'histoire », rêvent certains. Notons que d'autres sont encore convaincus que, si d'aventure ils ne trouvaient pas d'autre moyen, et c'est le cas pour les esprits encore frustes, autant recourir à la bonne vieille recette de la dénonciation de l'étranger, de la guerre, du terrorisme et de l'égorgement comme sources de nos maux...

À l'inverse : « Ah, si je pouvais prendre des "mesurettes" immédiates et lénifiantes susceptibles d'assurer ma réélection ! » Ou bien au contraire : « Si je pouvais lancer des projets pharaoniques et populaires n'ayant aucune chance de se matérialiser tant ils sont irréalistes et finalement peu désirés par le peuple ! »

Tandis qu'en fait, il s'agit d'envisager simplement, comme les parents tentent de le faire pour leurs enfants, ce qui est nécessaire pour qu'ils puissent vivre le mieux possible dans l'environnement qui sera le leur demain. Leur donner la possibilité de mettre en place les conditions que cela advienne. Par l'addition, au fil du temps, des apports, expériences et compétences qu'ils contribuent à rendre possibles. Combien de responsables politiques ou d'entreprise ont ce souci, au-delà de la valorisation de leur action à court terme ?

Parlons donc des choix qu'il faudrait initier maintenant, qui auraient un réel impact dans les quinze ans à venir tant sur la formation de chefs adaptés aux besoins de l'époque que sur les mécanismes de régulation des comportements des chefs qui déraillent, et plus largement sur les relations d'autorité.

Commençons par l'éducation, car nous croyons fermement que tout se passe à ce niveau.

L'éducation des enfants, d'abord, par les parents. Et sans soulever le couvercle de la boîte de Pandore, on n'est pas trop de deux pour exercer la parentalité qui concerne trois personnes. Deux plus un égale trois ! L'éducation, ça commence à la maison ! C'est un défi à relever en y associant étroitement la génération qui suit.

Et pour de vrai !

Ensuite, pourquoi ne pas lancer un grand concours national d'idées (une consultation citoyenne) pour demain en matière d'école et d'éducation, d'équilibre entre le travail et le temps libre, de logement[1], de relations intergénérationnelles ? Afin de profiter de la contribution de chacun, puis d'en agréger les résultats, les publier et expérimenter les conclusions aussi vite que possible. Les programmes d'action ministériels seraient vite remplis de mesures répondant aux aspirations de nos concitoyens.

Une fois de plus, il s'agit d'organiser la pensée remontante plutôt qu'issue du crâne surchauffé et isolé d'un technocrate solitaire. Ce qui ne les empêche évidemment pas d'apporter leur contribution, car ils sont aussi citoyens !

S'il fallait chercher des modèles déjà en œuvre, il faudrait remonter vers l'Europe du Nord à l'évidence. Ils y ont établi une méthode, pragmatique et décomplexée.

Nous disposons d'une incroyable mine de talents et d'intelligences invisibles dans notre pays qui pour l'instant sont occupés davantage à se stériliser dans un concours de mesquineries qu'à valoriser ce potentiel qui se manifeste dès qu'une fondation ou autre soutien d'actions ouvre ses portes en offrant des aides pour la mise en œuvre de projets sur une thématique donnée.

Il serait grand temps d'arrêter de penser que l'école est là « seulement » pour apprendre à compter, à emmagasiner de la connaissance et à préparer des jeunes gens au monde du travail, de préférence de la manière la plus utilitaire possible à court terme. Il serait grand temps de définir et de revoir quels sont les objectifs de l'école. Vaut-il mieux donner du poisson ou apprendre à pêcher ? Que cherche-t-on à accomplir ? En d'autres termes, quels types de futurs adultes veut-on former ?

1. Patrice Huerre, François Robine, *Lieux de vie : ce qu'ils disent de nous*, *op. cit.*

Pour poursuivre, il importe aussi de repenser les processus de recrutement des dites « grandes écoles » ou de la filière médicale selon des critères plus larges que la seule capacité à « recracher » des cours ou à résoudre des équations compliquées. Il est absolument atterrant de constater l'écrasante suprématie de la mémorisation et des matières « logiques » sur les autres critères de sélection. Même si quelques alibis dits de culture G ou un oral permettent de prétendre qu'il n'en est rien.

Il importerait de proposer beaucoup plus de travail collectif qu'individuel dans les classes préparatoires notamment. De valoriser les capacités de travail à plusieurs.

Et de revisiter complètement les programmes des grandes écoles, à commencer par les fameuses « dites » écoles de commerce ou nationale d'administration. En y insistant lourdement sur les sciences humaines, les sciences du comportement, le développement de l'esprit critique, l'hygiène de la remise en cause personnelle.

Le questionnement plutôt que les certitudes. L'imagination autant que la raison. L'humilité plutôt que l'arrogance. L'intelligence émotionnelle au moins autant que rationnelle.

Si on y regarde d'un peu près, la seule vraie avancée réalisée récemment par une école en France depuis un demi-siècle a été l'ouverture décrétée par Sciences Po Paris de places réservées aux étudiants des banlieues. Et encore, cette ouverture apparaît plus symbolique qu'autre chose !

Au grand dam de la bien-pensance et de l'entre-soi. « Encore des bons sentiments pour se déculpabiliser, ça ne marchera jamais », etc.

Chiche, et même si, au début, ça ne marchait pas bien ? Entreprendre n'est pas synonyme de réussir.

Certaines sociétés ont montré le chemin de l'innovation. Elles ont développé des méthodes très pratiques pour inciter leurs collaborateurs à mobiliser leur imagination. Ce sont elles qui développent des avantages concurrentiels à terme.

Elles s'appuient sur les idées de leurs employés. Elles sont à l'affût de toute amélioration de produit, de *process*, qui proviendrait de la base. Qui serait en quelque sorte « préappropriée » par l'utilisateur lui-même.

Dans ces sociétés, les réunions sont conçues pour que l'esprit de créativité l'emporte sur l'interminable ânonnement des résultats. Une société de software australienne, Atlassian, demande à tous ses développeurs de passer une journée par mois à travailler sur ce qu'ils veulent, pourvu qu'ils en rendent compte.

Des cadres sont envoyés six mois ou un an pour « découvrir » des fonctionnements différents dans un autre pays, en réimporter certains chez nous et être capables, au pied levé, d'aller s'installer sur place si une opportunité se présente.

Comme pour les enseignants du futur qui devraient se voir proposer de telles offres, tous les deux ans par exemple. Pour eux, comme pour les parents d'aujourd'hui, la stimulation du plaisir de découvrir, les surprises, le jeu[1], la recherche des capacités d'adaptation devraient irriguer les fonctionnements.

Le chef, comme le parent et l'enseignant, devrait être celui qui sollicite la créativité, l'innovation et les valorise… pour le grand bénéfice de tous. Puis qui les met en musique.

---

1. Patrice Huerre, *Place au jeu. Jouer pour apprendre à vivre*, Paris, Nathan, 2007 ; *Jouer, un moteur pour l'avenir*, à paraître chez Nathan.

Pour que ça vive… parce qu'il s'agit d'humains

La société est faite de matière vivante, organique. Elle bouge, évolue, régresse, avance, recule de façon parfaitement imprévisible.

Or nous nous efforçons toujours de fabriquer des chefs mécanistes, immuables, hiératiques, carrés, et des obligés consentants.

En gros, il s'agit de faire entrer un carré dans un rond. Et d'alimenter le fantasme du tout-rationnel et de la maîtrise comme idéal.

D'où l'obsession des qualiticiens : « J'écris ce que je vais faire, je fais ce que j'ai écrit, j'écris ce que j'ai fait. » Et une course effrénée à la mise en place de procédures, de processus de plus en plus contraignants d'où l'initiative individuelle est bannie.

Pour la plus grande joie de l'actionnaire, qui voit dans lesdits processus une manière de sécuriser son investissement à court terme, d'éliminer le risque, sans discerner les avantages qu'il trouverait à long terme. À l'opposé de ceux qui n'y voient qu'entrave à leurs idées. Et les documents à consulter de s'entasser, les notes de service de s'empiler, les cours de s'accumuler. C'est l'« infobésité[1] ».

Pour que ça vive, donc, il faudrait passer par une refonte profonde des fonctionnements des organisations, y compris l'éradication des *bullshit jobs*[2] (« jobs à la con » en français)

1. Expression de Pierre-Marie Lledo, directeur du département de neurosciences à l'Institut Pasteur et au CNRS.
2. David Graeber, *Bullshit Jobs*, Paris, Les liens qui libèrent, 2018.

et la pesante viscosité qu'ils engendrent, promouvoir l'idée que l'intérieur compte autant que l'extérieur, le psychologique individuel autant que le social et le collectif, l'émotionnel autant que le rationnel, le cerveau gauche autant que le cerveau droit. Cela repose, pour une bonne part, sur une chasse sans merci aux hiérarchies intermédiaires qui ralentissent et stérilisent toute innovation.

Et aussi faire émerger en les médiatisant quelques chefs « exemplaires », modèles que le mimétisme du système pousserait à imiter. Ils ne manquent pas. L'être humain grandit et construit ses représentations du monde par emprunts à des modèles, de la première enfance jusque tard dans la vie. S'identifier est un moteur et la somme de ces identifications tout au long de la vie forme ce que les psychanalystes[1] nomment le Moi. À l'inverse du modèle unique prêt-à-penser qui stérilise en enrégimentant sous une bannière monochrome.

Bref, par une refonte très poussée de l'éducation qui devra décidément tourner le dos à Jules Ferry. Merci à lui, mais il a fait son temps.

Compte aussi l'exemplarité de l'engagement[2] du chef dans la cité, l'environnement, l'éducation… Intéressant de ce point de vue est le type de déclaration[3] qui adjoint une responsabilité sociétale et environnementale au fonctionnement de l'entreprise et qui entraîne, d'ailleurs, d'autres entreprises derrière

1. Octave Mannoni, *in* Ariane Deluz, Bernard Gibello, Jean Hebrard, Octave Mannoni, *La Crise d'adolescence*, Paris, Denoël, 1984.
2. Raphaëlle Laubie, Philippe Wattier, *Dirigeants, le défi de l'engagement*, Paris, L'Archipel, 2017.
3. « Trente-quatre multinationales s'engagent contre les inégalités sous l'impulsion d'Emmanuel Faber, P-DG de Danone », rapporté par Richard Hiault, *Les Échos*, 23 août 2019.

elle. À envisager en famille ? Un engagement extérieur pour chaque parent ?

Qu'est-ce qui fait bouger les humains ? Le meilleur par quête d'un dépassement et d'un idéal. Le pire par obscurantisme, fanatisme et aveuglement.

On voit bien, dans toutes les manifestations médiatisées, revenir avec insistance la question du « sens », des valeurs communes, de la confiance, de la représentativité.

Qu'au-delà de la récompense matérielle, les hommes sont en quête de gratifications narcissiques, comme la valeur de lui-même que s'attribue le petit enfant quand il grandit avec l'appréciation positive de ses parents, en attendant la suite avec son « chef ». La carotte a toujours plus d'effets favorables que le bâton. Le retour positif sur l'image de soi alimente l'estime d'eux-mêmes qu'ont les humains.

Le petit qui a bénéficié d'une confiance dans ses capacités à se relever affronte autrement les difficultés de la vie que son voisin qui voyait sans cesse soulignées son incapacité et ses erreurs. N'en va-t-il pas de même plus tard dans la vie professionnelle[1] ?

Par ailleurs, le sentiment d'appartenance devient de plus en plus précieux dans un univers morcelé (voir les familles éclatées et l'incitation à l'individualisme) et urgent à soutenir, comme le sont aussi la mobilisation du « cerveau social », les échanges informels, les temps de décision non précipités, la convivialité.

Comme à l'occasion de la grande manifestation de 1995, ce qui ressort le plus de la crise des Gilets jaunes, c'est l'aspiration à la fraternité des ronds-points. Les confinements successifs dus

1. Rosabeth Moss Kanter, *Confidence*, Londres, Arrow Books Ltd, 2004.

au virus de la Covid-19 ont aussi permis d'éprouver la valeur de ce qui faisait défaut alors, à savoir les relations humaines, affectives, même si les relations virtuelles tentaient de combler le manque.

Le pouvoir collaboratif est plus efficace que celui exercé par un chef seul car, pendant ce temps, l'entreprise se prive du potentiel créatif de ses équipes si elle ne consacre pas toute son énergie à le libérer.

Le système s'époumone encore et encore à la recherche d'optimisations de plus en plus infinitésimales.

Cela n'était pas vrai il y a trente ans. Mais on sait que toutes les entreprises ont investi leur énergie massivement dans les processus. Laissons-leur le temps de bien les digérer pendant que d'autres vont s'occuper de la libération des talents.

Il faut donc revoir le logiciel de fond en comble, mais l'adapter à notre culture. Même si elle change un peu, rien ne sert d'espérer la rendre identique aux modèles anglo-saxons, ou allemands (la « codétermination »), peu transposables.

Créer des individus aptes à l'adaptation, à faire face à la complexité en faisant appel à la créativité, tel est l'enjeu. Ça se forme[1] ?

Oui, bien sûr ! À la maison dans la prime enfance, par l'exemplarité des parents, à l'école, à l'université, dans les cycles de formation de l'entreprise, dans la vie. Par la revalorisation déterminée du jeu.

Il faut seulement avoir l'humilité de remettre en cause la manière dont nous faisions les choses jusqu'à présent, par intérêt, par conformisme, par paresse intellectuelle ou par peur.

---

1. Patrice Huerre, *Jouer, un moteur pour l'avenir, op. cit.*

C'est à un retournement des représentations qu'il faut se livrer, à une nouvelle manière de penser les choses. Et nous sommes tous responsables – et capables, d'ailleurs – de le faire. Pas le seul président de la République.

Pensons à l'aphorisme de Camus : l'efficacité du typhon qui dévaste tout sur son passage et celle de la sève qui fait pousser. Le temps de la sève est venu.

Place donc aux chefs accoucheurs, aux chefs d'orchestre. Crédibles car sincères. Capables de donner du sens aux messages qu'ils adressent et d'y associer ceux à qui ils les adressent.

Conclusion

La période de crise sanitaire que nous connaissons offre un prisme très imparfait pour apprécier la question de l'autorité. Même si savoir qui décide quoi occupe les médias : le comité scientifique ? le ministre de la Santé ? Santé publique France ? le président ?

Les mêmes questions qui se posaient avant la pandémie se reposeront après sa disparition. Car la question des chefs évolue dans une temporalité plus longue. Au moins celle d'une génération.

Ceux de demain – les bébés d'aujourd'hui – seront directement façonnés par la manière dont ils seront initiés à la relation d'autorité à partir du modèle que leurs parents leur offrent.

C'est dire que le rôle des « éducateurs » est déterminant.

Cessons d'aggraver le fossé entre les « outillés » pour demain et les orphelins d'un modèle révolu.

Aidons-les à construire dès à présent les fondations qui leur seront nécessaires avec des ingrédients mieux adaptés à l'époque et aux enjeux à venir. Donnons-leur les clés de la compréhension des fonctionnements humains. Et franchement, jusqu'à un certain niveau, ce n'est pas très compliqué.

De nouvelles façons d'être chef s'imposent face aux défis du monde.

La confiance en soi, la culture, les capacités d'adaptation sont des enjeux de plus en plus importants.

Alors ? Revenons à des idées simples. Commencer par être chef de soi-même d'abord ? Et non maître de soi, au sens d'une recherche de retenue des émotions et des affects. Jusqu'à il y a peu, dans nos sociétés occidentales hiérarchisées et névrosées, le chef de soi-même – un homme forcément – était caractérisé par la maîtrise de ses émotions, de ses paroles, de ses actes... Et le chef des autres par le fait d'asseoir son autorité sur eux... et de s'asseoir dessus ensuite.

À présent, ces modèles ne sont plus acceptés, et c'est tant mieux.

Le chef de lui-même que nous appelons de nos vœux serait, au contraire de son prédécesseur, perméable à son monde interne, capable de reconnaître ce qui l'habite et d'y reconnaître l'humaine condition partagée, pour mieux accueillir les surprises générées par ses fantasmes, afin de pouvoir mieux faire place à celles en provenance des autres et du monde extérieur.

Quant au chef des autres, il pourrait être davantage attentif à ce qu'éprouvent ceux qui lui ont confié l'autorité pour en digérer le contenu avant d'en restituer des perspectives qui aient du sens et des propositions perçues comme utiles pour la majorité d'entre eux. Comme la « bonne mère » digère les émotions de son bébé[1] pour les lui restituer assimilables.

---

1. Voir la fonction alpha de Wilfrid Bion, *Aux sources de l'expérience*, Paris, PUF, 1979.

Enfin, comment favoriser la créativité et les capacités d'adaptation dans la jeune génération ? Tel est le grand défi que devraient relever les parents, les professionnels de la première enfance et l'Éducation nationale. Passons du fantasme inefficace de la maîtrise des expériences et des savoirs pour tenter de conjurer les peurs à l'accueil ouvert et curieux de l'inédit et de la richesse du foisonnement, seul terreau pour des solutions acceptables.

Or le rapport aux surprises renvoie directement à la capacité de jeu dont dispose chacun, capacité qui se met en place dès la première enfance[1].

Telles sont quelques conditions pour à la fois favoriser l'émergence de chefs adéquats pour demain, en résonance avec ceux dont ils sont responsables et le sentiment d'utilité de chacun.

1. Patrice Huerre, *Place au jeu*, *op. cit.*

Quelques lectures

Azambuja R., « Les risques psychosociaux concernent désormais un grand nombre de cadres intermédiaires », *Le Monde*, 11 mai 2018.

Bion W. R., « La fonction alpha », *Aux sources de l'expérience*, PUF, 1979.

Bouchez J.-P., *L'Entreprise à l'ère du digital*, Paris, De Boeck, 2016.

Caffari-Vallon R., Pikler E., *Grandir autonome*, Toulouse, Érès, 2017.

Camus A., *L'Homme révolté*, Paris, Gallimard, 1951.

Charles-Roux E., *Les Femmes et le travail du Moyen Âge à nos jours*, Paris, Éditions de la Courtille, 1975.

Dehaene S., *Apprendre ! Les talents du cerveau, le défi des machines*, Paris, Odile Jacob, 2018.

De Silva S., Schmid V., Wittemayer G., « Fission-fusion processes weaken dominance networks of female Asian elephants in a productive habitat », *Behavioral Ecology*, 2017, 28 (1), p. 243-252.

Dupuis-Déri F., *Démocratie, histoire politique d'un mot*, Montréal, Lux, 2013.

Enriquez E., *Clinique du pouvoir*, Toulouse, Érès, 2012.

Enriquez E., *Les Jeux du pouvoir et du désir dans l'entreprise*, Paris, Desclée de Brouwer, 1997.

Evans-Pritchard E. E., *The Nuer : A Description of the Modes of Livelihood and Political Institutions of a Nilotic People*, Oxford, Clarendon Press, 1940.

Forest D., « Neuro-scepticisme », *Med. Sci.*, 2017, 32 (12), p. 1135-1137.

Fourier C., *Théorie des quatre mouvements et des destinées générales*, Leipzig, Librairie de l'école sociétaire, 1808.

Funès J. de, *Socrate au pays des process*, Paris, Flammarion, 2017.

Funès J. de, Bouzou N., *La Comédie (in)humaine*, Paris, Éditions de l'Observatoire, 2018.

Gautier T., *Histoire de l'art dramatique en France depuis vingt-cinq ans*, tome 2, Paris, Hetzel, 1859, p. 106.

Getz I., Carney B. M., *Liberté & Cie. Quand la liberté des salariés fait le succès des entreprises*, Paris, Flammarion, 2016.

Grimbert D., *Les Marchés émergents*, Paris, Economica, 1995.

Hésiode, *Les Travaux et les Jours*, Paris, Arléa, 1995.

Huerre P., Marty F. (dir.), *Alcool et adolescence. Jeunes en quête d'ivresses*, Paris, Albin Michel, 2007.

Huerre P., Pagan-Reymond M., Reymond J.-M., *L'adolescence n'existe pas*, Paris, Odile Jacob, 2003.

Huerre P., Pellé-Douël C., *Pères solos, pères singuliers*, Paris, Albin Michel, 2010.

Huerre P., Robine F., *Lieux de vie : ce qu'ils disent de nous. La révolution des intérieurs*, Paris, Odile Jacob, 2017.

Iribarne P. d', *La Logique de l'honneur*, Paris, Seuil, 1989.

Juppé A., *Je ne mangerai plus de cerises l'hiver*, Paris, Plon, 2009.

Juillet Y. Dr, *Les Innovations inversées*, Fondation de l'Académie de médecine, 2018.

Kao J., *Organiser la créativité. L'esprit du jazz*, Paris, Village mondial, 2000.

Kocher I., Interview dans *Le Figaro Madame*, 14-15 septembre 2019.

Lavigne P. Général, « Insuffler à l'armée de l'air un nouvel état d'esprit », *Le Figaro*, 31 août 2018.

Laubie R., Wattier P., *Dirigeants. Le défi de l'engagement*, Paris, L'Archipel, 2017.

Le Coadic R., « L'autonomie, illusion ou projet de société ? », *Cahiers internationaux de sociologie*, 2006, 121, p. 317-340.

Le Goff J.-P., *Les Illusions du management*, Paris, La Découverte, 2003.

Lledo P.-M., « L'infobésité », *dirigeant.fr*, mars 2021.

Maffesoli M., *Le Temps des tribus. Le déclin de l'individualisme dans les sociétés post-modernes*, Paris, La Table ronde, 1988, nouvelle édition 2019.

Mannoni O., Deluz A., Gibello B., Hebrard J., *La Crise d'adolescence*, Paris, Denoël, 1984.

Martigny V., *Le Retour du Prince*, Paris, Flammarion, 2019.

Mead M., *Le Fossé des générations*, Paris, Denoël/Gonthier, 1979.
Merle R., *L'Île*, Paris, Gallimard, « Folio », 1974.
Moss Kanter R., *Confidence*, Londres, Arrow Books Ltd, 2004.
Muray P., *Festivus, festivus*, Paris, Flammarion, « Champs essai », 2008.
Muray P., *L'Empire du bien*, Paris, Les Belles Lettres, 2002.
Peters T., *L'Entreprise libérée*, Paris, Dunod, 1993.
Pikler E., *Se mouvoir en liberté dès le premier âge*, Paris, PUF, 1979.
Pralong J., étude « Le péril jeune », *in* Caroline Beyer, « Les entreprises françaises se méfient des jeunes », *Le Figaro*, 19 juillet 2019.
Reich R., *L'Économie mondialisée*, Paris, Dunod, 1993.
Rigail A., interview de Zocchetti V., « Anne Rigail, P-DG d'Air France, veut "permettre aux femmes de voir que l'on peut dépasser ses limites" », *Le Figaro Madame*, 17 avril 2019.
Russell E. H. D., Radford J. (dir.), *Femicide. The Politics of Woman Killing*, Londres, Open University Press, 1992.
Savignac E. (dir.), *Le Travail de la gamification. Enjeux, modalités et rhétorique de la translation du jeu au travail*, Bruxelles, Peter Lang, 2018.
Sérieyx H., Vakouloulis M., *Du pouvoir vertical aux pouvoirs partagés*, Paris, Éditions de l'Atelier, 2018.
Serres M., « La fin de l'attente », interview France Info, 25 février 2018.
Sun Tzu, *L'Art de la guerre*, Paris, Flammarion, « Champs essai », 2008.
Teboul J., Damier P., *Neuroleadership. Le cerveau face à la décision et au changement*, Paris, Odile Jacob, 2017.
Villiers P. de, *Qu'est-ce qu'un chef ?*, Paris, Fayard, 2018.
Watzlawick P., *Une logique de la communication*, Paris, Seuil, « Points », 2014.
Welsh J., *Ma vie de patron*, Paris, Pearson France, 2001.

Table

DE PATRICE HUERRE
CHEZ ODILE JACOB

Lieux de vie : ce qu'ils disent de nous. La révolution des intérieurs, avec François Robine, 2017.

L'adolescence n'existe pas, avec Martine Pagan-Reymond et Jean-Michel Reymond, 2003.

Ouvrage proposé par Alain Braconnier

Cet ouvrage a été composé
en Electra
par FACOMPO
à Lisieux (Calvados).